Impressum:

Herausgeber:
Deutsches I Ging-Institut
Hubert Geurts
Engerstr. 23
47906 Kempen
Telefon 02152 559259

Verlag:
Gruppe M Verlagsgesellschaft mbH
Graf-Adolf-Straße 21
40212 Düsseldorf

Produktionsmanagement:
impress media GmbH

ISBN: 9783-935270-10-6

2. Auflage 2014

Alle Rechte vorbehalten, Nachdruck und Nutzung, auch auszugsweise, nur mit schriftlicher Genehmigung des Herausgebers. Die Verwendung der Inhalte ist ohne die Zustimmung urheberrechtswidrig und strafbar. Der Herausgeber und Verlag übernehmen keine Haftung für fehlerhafte Angaben und deren Folgen.

I Ging

Hubert Geurts

Einführung für Europäer

I Ging – Einführung für Europäer

	Vorwort	11
1.	Mein Weg zum I Ging	14
2.	Hintergrundinformationen zum I Ging und der Bezug zur Wissenschaft	22
2.1.	Ursprünge des I Gings	23
2.2.	I Ging und der Bezug zur westlichen Medizin	23
2.3.	Binärer Code und I Ging	25
3.	Yin und Yang, die kleinsten Bausteine im I Ging	27
3.1.	starkes Yin ____ ____ = Winter	28
3.2.	Yin ____ X ____ in Veränderung zu Yang = Frühjahr	29
3.3.	starkes Yang _____ = Sommer	30
3.4.	absteigendes Yang ____O____ in Veränderung zu Yin = Herbst	31
3.5	Wenn es Winter im Sommer wird und umgekehrt	34
4.	Die Acht Urbilder / Trigramme im I Ging	36
4.1.	Die Energie des Himmels	40
4.2.	Die Fügsamkeit der Erde	44
4.3.	Die Heiterkeit des Sees	48
4.4.	Die Struktur des Berges	54
4.5.	Die Beharrlichkeit des Windes	58
4.6.	Das Aufrütteln des Donners	62
4.7.	Das Haftende des Feuers	66
4.8.	Das Lebensprinzip des Wassers	70
4.9.	Die acht Trigramme als Kreislauf des Lebens	74
5.	Entstehung der 64 Bilder (Hexagramme) aus den acht Trigrammen	80
6.	Das Hexagramm mit dem Feuer unter der Erde	85
7.	Die Gesetze beruflicher und privater Partnerschaft	90
8.	Die gesunde Grundstruktur von Gesellschaft, Familien & Unternehmen	98
9.	Die Persönlichkeitsstruktur in sechs Stufen von Erfolg & Misserfolg	104

10.	Verschiedene Wege zum weiteren Umgang mit den 64 Zeichen	113
10.1.	Wie ein Buch	113
10.2.	Spontan reagieren durch die Hexagrammüberschrift	113
10.3.	Fingertechnik	113
10.4.	Unbegreifliches	114
10.4.1	Zahlen	115
10.4.2	Münzen	116
10.4.3	Entschlüsselung der Informationen	118
10.4.4	Umgang mit dem Ergebnis, wenn Wandlungslinien existieren	119
10.4.5	Umgang mit dem Ergebnis, wenn keine Wandlungslinien existieren	120
10.4.5.1	Allgemeinen Kommentar vom Hexagramm lesen	121
10.4.5.2	Allgemeinen Kommentar vom inneren Hexagramm lesen	121
10.5	Verschiedene Ursachen, wenn es keine einleuchtende Antwort gibt	121
10.5.1	Gedanken auf die wesentliche Situation richten	122
10.5.2.	Ablenkung	122
10.5.3.	Reifezeit	123
10.6	Warnhinweise	123
11.	**Die 64 Hexagramme**	125
1.	KIEN / Das Schöpferische	128
2.	KUN / Das Empfangende	130
3.	DSCHUN / Die Anfangsschwierigkeiten	132
4.	MONG / Die Unerfahrenheit	134
5.	SU / Das Warten	136
6.	SUNG / Der Streit	138
7.	SCHI / Das Heer	140
8.	BI / Das Zusammenhalten	143
9.	SIAU TSCHU / Des Kleinen Zähmungskraft	145
10.	LÜ / Das Auftreten	147
11.	TAI / Der Friede	149

12.	PI / Die Stockung		151
13.	TUNG JEN / Gemeinschaft mit Menschen		153
14.	DA YU / Der Besitz von Großem		156
15.	KIEN / Die Bescheidenheit		158
16.	YU / Die Begeisterung		160
17.	SUI / Die Nachfolge		162
18.	GU / Die Arbeit am Verdorbenen		164
19.	LIN / Die Annäherung		166
20.	GUAN / Die Betrachtung		168
21.	SCHI HO / Das Durchbeißen		170
22.	BI / Die Anmut		172
23.	BO / Die Zersplitterung		174
24.	FU / Die Wiederkehr		176
25.	WU WANG / Die Unschuld		178
26.	TSCHU / Des Großen Zähmungskraft		180
27.	I / Die Ernährung		182
28.	DA GO / Des Großen Übergewicht		184
29.	KAN / Das Abgründige, das Wasser		186
30.	LI / Das Haftende		189
31.	HIEN Die Einwirkung		191
32.	HONG / Die Dauer		193
33.	DUN / Der Rückzug		195
34.	DA DSCHUANG / Des Großen Macht		197
35.	DSIN / Der Fortschritt		199
36.	MING I / Die Verfinsterung des Lichts		201
37.	GIA / Die Sippe		203
38.	KUI / Der Gegensatz / Die Entfremdung		206
39.	GIEN / Das Hemmnis		208
40.	HIE / Die Befreiung		210

41.	SUN / Die Minderung	212
42.	I / Die Mehrung	214
43.	GUAI / Der Durchbruch / Die Entschlossenheit	216
44.	GOU / Das Entgegenkommen	218
45.	TSUI / Die Sammlung	220
46.	SCHONG / Das Empordringen	222
47.	KUN / Die Erschöpfung	224
48.	DSING / Der Brunnen	227
49.	GO / Die Umwälzung	229
50.	DING / Der Tiegel	231
51.	DSCHEN / Das Erregende	233
52.	GEN / Das Stillhalten	235
53.	DSIEN / Die allmähliche Entwicklung	238
54.	GUI ME / Die triebhaften Neigungen	240
55.	FONG / Die Fülle	242
56.	LÜ / Der Wanderer / Aufbruch zu neuen Ufern	244
57.	SUN / Das Sanfte	246
58.	DUI / Das Heitere	249
59.	HUAN / Die Auflösung	251
60.	DSIE / Die Beschränkung	253
61.	DSCHUNG / Die innere Wahrheit	255
62.	SIAU GO / Des Kleinen Übergewicht	257
63.	GI DSI / Nach der Vollendung	259
64.	WE DSI / Endgültiges Beseitigen von Provisorien	261
12.	Tabelle zum Auffinden der Hexagramme	264
	Zur Person	268
	Abschied	269
	Kontaktmöglichkeit	269

Vorwort

Ich möchte Sie mit diesem Buch in eine Welt entführen, die mich zuerst in großes Erstaunen versetzt hat. Es geht um das I Ging, das „Buch der Wandlungen" – das vermutlich älteste Buch der Welt, das die Philosophie des alten China enthält und die Wurzeln der chinesischen Medizin. Grundideen sind die Suche nach Ausgewogenheit und das Akzeptieren von Veränderung – Ideen, die heute sehr aktuell sind. Durch die intensive Beschäftigung mit dem I Ging, begriff ich, dass die darin beschriebenen verschlüsselten Metaphern die Gebrauchsanleitungen enthalten, die uns zeigen können, wie wir uns von Problemen, von schmerzhaften Fesseln befreien können, die uns in unserer Entwicklung aufhalten und uns Kraft und Energie rauben, weil wir uns nicht zu befreien wissen. Die Anleitungen geben Hilfe und Orientierung, wie wir Fesseln lösen und abstreifen können.

Meine persönlichen Probleme waren der ursprüngliche Ausgangspunkt für die intensive Beschäftigung mit dem I Ging. Familien- und gestalttherapeutische Beratungen und Ausbildungen trugen dazu bei, dass ich zwar mehr über mich wusste und teilweise besser mit meinen Problemen umgehen konnte, diese wurden aber nicht oder nur zum Teil gelöst. Dies wurde mir immer wieder deutlich vor Augen geführt, wenn ich in sehr anstrengende und belastende private oder berufliche Situationen kam und in meine alten Verhaltensmuster zurückfiel. Lange Zeit war ich wie gelähmt. Ich ahnte zwar, was die Ursache für meine Unzufrieden- und Blockiertheit war, dennoch war ich unfähig, die notwendigen Konsequenzen zu ziehen. Mir fehlte schlichtweg die Anleitung zum Handeln! Vielleicht kennen Sie dieses Gefühl? In dieser Zeit kam ich zufällig mit dem I Ging in Kontakt, seitdem ist das I Ging ein Begleiter für mich, den ich nicht missen möchte. Das war 1993 und nun habe ich mich entschlossen, meine Erfahrungen in einem Buch niederzuschreiben, um sie einer breiten Öffentlichkeit zugänglich zu machen.

Im ersten Kapitel dieses Buches lesen Sie, wie ich zum I Ging kam und das deshalb auch „Mein Weg zum I Ging" heißt.

Das zweite Kapitel geht kurz auf die Historie des I Gings ein.

Im dritten Kapitel wird die grundsätzliche Bedeutung von Yin und Yang dargestellt, die für das Verständnis des I Ging sehr wichtig ist und die bestimmt viele Leser aus anderen Zusammenhängen bereits kennen. Sie werden oft vereinfacht mit den Etiketten männlich / weiblich versehen. Ich werde auf die tieferen Strukturen von Yin und Yang eingehen, denn das I Ging wird im Übrigen auch „Das Lehrbuch von Yin und Yang genannt."

Im vierten Kapitel bauen wir aus Yin und Yang die acht Urbilder des I Ging - auch Trigramme genannt -, diese Urbilder erklären in komprimierter Form alle Gesetze des Lebens. Ergänzt wird die Theorie durch Praxisbeispiele meiner Arbeit mit Menschen und Unternehmen in Krisensituationen, die veranschaulichen, wie das I Ging seine Wirkung entfaltet und zu einem Lebensberater und Problemlöser wird. Alle in diesem Buch beschriebenen Personen haben sich bereit erklärt, dass ich ihre Beratungsgeschichte veröffentlichen darf. Das hat mich sehr berührt und es gleichzeitig wesentlich leichter gemacht, dieses Buch zu schreiben.

Im fünften Kapitel verbinden wir Theorie und Praxis und betrachten, was passiert, wenn zwei Trigramme/Urbilder zusammenkommen. Diese Vereinigung ist sinnbildlich vergleichbar mit der Zeugung eines Kindes. Das aus den Trigrammen entstandene Gebilde heißt Hexagramm und besitzt die Erbanlagen beider „Eltern", und oft ist auf einen Blick erkennbar, dass es von diesen „Eltern" abstammt. Es hat aber auch seine ureigene „Persönlichkeit".

Die Kapitel sechs, sieben, acht und neun dienen der Vertiefung des Wissens und der Praxis. Wir werden uns einige Hexagramme anschauen und sie näher betrachten und entschlüsseln.

In Kapitel 10 werde ich die verschiedenen Wege beschreiben, wie Sie mit dem I Ging umgehen können.

Alle 64 Hexagramme mit allen Linien werden in Kapitel 11 beschrieben.

Im Kapitel 12 finden Sie eine Tabelle zum leichteren Auffinden der Hexagramme anhand der Trigramme.

Mein Wunsch ist, dass Sie nach der Lektüre dieses Buches nicht nur das I Ging besser verstehen, sondern auch erkennen, wie Sie Ihre beruflichen und privaten Probleme besser lösen können und dann auch danach handeln.

Dieses Buch konnte nur entstehen, weil Menschen zu meinen Seminaren und Beratungen kommen und sich auf meine ungewöhnliche und auch verrückte Art eingelassen haben. Ihre Erfahrungen und Reaktionen hatte ich beim Schreiben immer wieder vor Augen - manchmal mit viel Lachen, ein andermal mit Tränen.

Danke!

1. Mein Weg zum I Ging

Im Jahre 1993 fiel mir zufällig das Buch „I-Ging: Das Buch der Wandlung" in einer Buchhandlung in die Hände. Ich fing an zu lesen und war erstaunt über die detailreiche und kraftvolle Sprache, auch wenn ich vieles nicht verstehen konnte. Ich musste dieses Buch kaufen, auch wenn mir alles buchstäblich chinesisch vorkam. Es übte eine Anziehung auf mich aus, wie ich es noch nie bei einem Buch erlebt habe. Das I Ging wie ein herkömmliches Buch zu lesen, war nicht möglich, also benutzte ich die Fingertechnik. Ich steckte dazu spontan den Finger irgendwo ins Buch und fing auf dieser Seite an zu lesen. Jetzt geschah etwas Merkwürdiges. Diese willkürliche Auswahl passte immer zu meinen aktuellen Gedanken oder zu meiner derzeitigen Lebenssituation. Ich wurde immer wieder bereichert, verstand vieles nicht, spürte aber immer eine heilsame Wirkung. Wie das I Ging zu mir sprach, war vertraut und unbekannt zugleich. Langsam begriff ich, dass es in versteckter Form alle Gesetze des Lebens beinhaltete. In dieser Anfangssituation nutzte ich das I Ging sporadisch, dann kam einige Monate später ein Erlebnis, das mich endgültig in diese für mich neue Welt brachte.

Mein Geld verdiente ich zu diesem Zeitpunkt als freiberuflicher Führungs- und Verkaufstrainer. Eine Firma hatte mir einen finanziell sehr lukrativen Auftrag in Aussicht gestellt, wenn mehrere Testseminare erfolgreich verlaufen würden. Das erste Seminar verlief sehr gut, und ich ging mit Optimismus ins zweite Seminar. Hier war auf einmal alles anders. Von Anfang an regte sich Widerstand der Teilnehmer gegen meine Arbeit, es wurde viel diskutiert und wenig geleistet. Meine sonst übliche erfolgreiche Vorgehensweise in solchen Situationen führte diesmal nur bei wenigen der „stillen" Teilnehmer zum Erfolg. Am Ende des ersten Seminartages war mir klar, dass ich diesen Auftrag nicht bekommen würde, wenn sich die Arbeitshaltung in der Gruppe nicht grundsätzlich

änderte. Deshalb kündigte ich den Teilnehmern an, eine kurze Rede zum Abschluss des Tages zu halten, den Raum im Anschluss daran direkt zu verlassen und erst am nächsten Tag um 9.00 Uhr wieder mit ihnen zu sprechen.
(Ich wollte nicht nochmals in kräftezehrende Diskussionen verstrickt werden).

In meiner Rede - zum Ende des ersten Seminartages - betonte ich, mit meiner Weisheit am Ende zu sein und sagte:
„Die „Stillen" sollen sich überlegen, warum sie sich von den „Lauten" bevormunden lassen. Die „Lauten" sollen darüber nachdenken, warum sie die „Stillen" unterdrücken und alles Konstruktive zerreden. Ein solches System haben wir in Deutschland schon einmal gehabt."

Ohne weitere Diskussion verließ ich den Seminarraum.

Als ich im Auto saß, wurde mir die Tragweite meiner kurzen, autoritären Rede bewusst, und ich war unsicher, was kommen würde. In dieser Firma hatte ich auf der Geschäftsführungsebene noch keinen Rückhalt, da ich hier ein Neueinsteiger war. Geplagt von Sorgen fuhr ich nach Hause und erinnerte mich daran, dass man mit dem I Ging Befragungen durchführen kann. Bisher hatte ich solche Vorgehensweisen als Unfug abgelehnt. Mühsam erschloss ich mir diese Methode und wandte sie an. Ich erhielt das Zeichen „Das Warten" mit der fünften Linie.

Kurze Erklärung zum I Ging:
Das I Ging ist in 64 Bilder mit je sechs Stufen aufgeteilt. Jedes Bild beinhaltet einen allgemeinen Kommentar und gibt auch Vorschläge zu sechs unterschiedlichen, sogenannten Reifungsstufen. Es können eine oder mehrere Stufen berührt sein. Später werde ich darauf noch gründlich eingehen.

Also lese ich unter anderem folgenden Kommentar aus Richard Wilhelm:

„Solange die Zeit noch nicht erfüllt ist, soll man nicht sorgen und durch eigenes Machen und Eingreifen die Zukunft gestalten wollen, sondern in Ruhe Kraft sammeln durch Essen und Trinken für den Leib, durch Heiterkeit und Guter-Dinge-Sein für den Geist. Das Schicksal kommt ganz von selbst, und dann ist man bereit."

Und der Kurzkommentar der fünften Linie verstärkte es noch:

„Warten bei Wein und Speise."

Ich sollte warten, essen und Wein trinken mit Heiterkeit? Über so einen Ratschlag konnte ich nur den Kopf schütteln. Ich hatte große Probleme und sollte mich freuen und den Genüssen hingeben? Wütend über mich selbst, so einen „Unfug" aus dem I Ging geglaubt zu haben, machte ich mir jetzt große Sorgen darüber, was am nächsten Tag passieren würde. Nach einer schlecht geschlafenen Nacht fuhr ich mürrisch zum Seminar. Entgegen meiner Gewohnheit erschien ich bewusst nicht zum Frühstück, sondern kam erst 15 Minuten vor Beginn im Hotel, in dem das Seminar stattfand, an. Ich ging direkt in den Seminarraum und sah, dass schon <u>alle</u> Teilnehmer anwesend waren - das hatte ich noch nie bei einem zweiten Seminartag erlebt, und es gab seit dem auch keine Wiederholung! Freundlich wurde ich von den Teilnehmern begrüßt, und sie erklärten mir, dass sie meine gestrigen Abschlussbemerkungen noch heiß diskutiert hätten und dass ihnen einige Dinge klar geworden seien.

Sie kamen auf den Hintergrund zu sprechen: Der Geschäftsführer hatte sie mit dem Versprechen zum Seminar eingeladen, dass keine Rollenspiele und keine Videoanalysen eingesetzt würden.

Deshalb seien sie sauer gewesen, als sie erfuhren, dass ich diese Methoden in Absprache mit dem Geschäftsführer einsetzen wollte. Nach meiner Rede sei ihnen bewusst geworden, dass dies nicht mein Problem wäre, sondern sie dies mit ihrem Chef klären müssten. Sie seien jetzt bereit mitzuarbeiten, da sie gestern gespürt hätten, dass ich es ehrlich meinte. Sprachlos musste ich erleben, dass dieses I Ging recht behalten hatte und Wein zu trinken besser gewesen wäre, als zu grübeln. Dieses Seminar war für mich ein einschneidendes Erlebnis. Die Teilnehmer arbeiteten jetzt hoch motiviert, so dass wir die Rückstände des ersten Tages locker aufholten und viel Freude dabei hatten.

Seitdem lässt mich dieses I Ging nicht mehr los.

Es gibt beim I Ging 4.096 Kombinationsmöglichkeiten, und ich erhalte genau die, die zu meiner Situation passt. Wieso? Diese Frage haftete an mir! Obgleich ich mich seitdem täglich mit dem I Ging befasse, kann ich diese Frage letztlich nicht beantworten. Sie ist in der Anfangsphase der wichtigste Antrieb zur Erforschung des I Gings gewesen.

Im Laufe der Jahre gab mir das I Ging sehr viele wichtige Antworten auf meine Fragen. Zum Beispiel lernte ich, wie man sich von seinen „verdorbenen Dingen" befreien kann, warum die größten Unglücke die besten Geschenke sind oder warum der schnelle, rasante Erfolg meistens das größte Unglück ist.

Das Grundprinzip des Lebens und die lebenspraktischen Erklärungen im I Ging wurden mir immer klarer.

In Kurzfassung:
Wenn wir kraftvoll und zielorientiert leben, wird dies im I Ging „Yang" genannt, geht es um Demut und Fürsorge, wird dies im I Ging „Yin" genannt.

Beide sind abhängig voneinander und können sich gegenseitig sehr fördern oder behindern. Dies werde ich im Laufe des Buches näher erläutern.

Beeindruckt von diesen Erkenntnissen, empfahl ich dieses Buch mit großer Begeisterung weiter. Nun kam es mal wieder anders, als ich dachte. Meine Absicht, dass auch andere Menschen durch dieses Buch ihre Probleme lösen können, erfüllte sich nicht. Ich bekam Kommentare zu hören wie:

„Das Buch ist mir zu schwer verständlich."

„Wer soll denn diese chinesischen Metaphern verstehen?"

„Das Buch ist frauenfeindlich."

„Mensch, lass mich mit so einem Unfug zufrieden, der Mist ist doch uralt!"

Mithilfe des I Gings kam ich dann zu der Antwort, dass ich meine Begeisterung und meine Erkenntnisse viel zu früh mit anderen geteilt hatte und nur meine eigenen Probleme damit lösen sollte. Dankbar für diese klare Antwort verschloss ich 1993 meine I Ging-Kenntnisse, verstärkte meine Forschungen und ergründete täglich noch tiefer die Weisheiten des I Gings. In verschiedenen Bibliotheken in Deutschland forschte ich zum Teil ziemlich mühsam nach mehr Informationen zum I Ging. Irgendwann kam mir die Erkenntnis: „Die Striche müssen der Anfang gewesen sein". Das war ein neuer, entscheidender Antrieb, weiter in die Welt des I Gings einzutreten. Ich begriff immer mehr, dass in diesem Strichcode alle Weisheiten versteckt enthalten sind. Langsam erkannte ich, warum Gottfried Leibniz den binären Code (0 / 1) aus dem I Ging (Yin = 0 / Yang = 1) entwickelt hatte und warum Hermann Hesse in seinen Büchern (besonders: „Das Glasperlenspiel" und „Siddhartha") dem I Ging eine herausragende Stellung gab.

Dann kam das Jahr 2001. Mit wenigen, meinen Forschungen positiv gegenüberstehenden Menschen wagte ich mittlerweile, über das I Ging zu sprechen. Von ihnen wurde ich immer wieder ermuntert, meine I Ging-Kenntnisse endlich nach draußen zu geben. Ich war unsicher, ob ich es tun sollte. Bei meinen täglichen Forschungsarbeiten zum I Ging geschah auf einmal etwas Merkwürdiges. Ich bekam plötzlich starke Herzschmerzen, die letzten waren mindestens zehn Jahre her. Gerade hatte ich eine neue Analysemethode im I Ging kennengelernt, und ich verwendete die Herzschmerzen, um diese Methode am eigenen Leibe zu erleben.

Ich bekam das Zeichen 14. DA YU / Der Besitz vom Großem:

Die dritte Linie war berührt, hier der Originaltext von Richard Wilhelm:

Neun auf drittem Platz bedeutet:
Ein Fürst bringt ihn dem Sohn des Himmels dar.
Ein kleiner Mensch kann das nicht.

Es ist die Sache eines hochherzigen, freisinnigen Menschen, dass er seinen Besitz nicht als sein ausschließliches persönliches Eigentum betrachtet, sondern dem Herrscher bzw. der Allgemeinheit zur Verfügung stellt. Dadurch stellt er sich auf den richtigen Standpunkt dem Besitz gegenüber, der niemals als Privatbesitz von Dauer sein kann. Ein engherziger Mensch ist freilich dazu nicht imstande. Für ihn schlägt großer Besitz zum Schaden aus, da er, statt zu opfern, behalten will.

Oh, das war ein Hammerschlag, noch kurz vorher hatte ich gedacht, ich sei noch nicht wissend genug, um meine Erkenntnisse nach außen zu bringen, und jetzt sagte mir das I Ging: „Es dauerhaft nur für die Selbstverwirklichung zu nutzen, ist reiner Egoismus." Der Gedanke, mein Verhalten als Habgier zu betrachten, war mir bis dahin noch nicht gekommen. Durch diese unfreundliche, aber richtige Antwort fasste ich den Entschluss, einen Abendvortrag mit Freunden und Bekannten zu organisieren. Aufgeregt bereitete ich den Abend vor. Nach meinem Vortrag hatte ich die Sorge, zu wenig vom I Ging vermittelt zu haben. Die Reaktion der Teilnehmer war genau gegenteilig. Einer fasste den Abend zusammen. Dieser Mensch hatte sich schon seit über 25 Jahren mit dem I Ging befasst, nur nicht so dauerhaft:

„Hubert, Dein Wissen zum I Ging ist hervorragend, bringe bitte nur nicht alles in 90 Minuten rüber, was Du in den ganzen Jahren erforscht hast."

Dies war der Beginn des Vorhabens, das I Ging langsam, aber beharrlich nach draußen zu bringen. Wie zufällig kam ich immer wieder mit dem richtigen Menschen zusammen und hörte Kommentare wie:

„Ich dachte, das I Ging wäre nur Orakel!"

oder der Kommentar einer Psychotherapeutin:

„Ich bin begeistert, das I Ging ist viel praktischer und dem Menschen näher, als alle mir bekannten westlichen psychologischen Richtungen."

Seitdem werde ich von Freunden und Teilnehmern immer wieder ermutigt, ein verständliches Buch zum I Ging zu schreiben. Dies erschien mir unmöglich. Alle mir bekannten Übersetzungen sind mit Fehlern behaftet, weil immer die

Meinung des Schreibenden an bestimmten Stellen herauskommt und dies belehrend wirken kann. Würde ich mich darangeben, würde mir vermutlich das Gleiche passieren. Dennoch habe ich mich nun daran gewagt, dieses Buch über das I Ging zu schreiben. Es verfolgt die Absicht, die Kluft zwischen dem herrschenden aktuellen westlichen Denken und dem I Ging zu verkleinern. Des Weiteren soll es aufzeigen, dass es in vielen Bereichen dem heutigen wissenschaftlichen Denken entspricht. Ich hoffe, es ist mir gelungen, diesen selbst gestellten Ansprüchen gerecht zu werden.

Das I Ging spricht davon, dass man sich bei großen Aufgaben mit wertvollen Menschen zusammentun sollte. Ich hatte das besondere Glück, Gunter Müller zu begegnen, der dieses Buchprojekt mit großer Freude begleitete und mich immer wieder mit klarer Kritik sehr hilfreich unterstützte.

Hubert Geurts am 25.02.2006 an einem einsamen Ort im Münsterland mit Laptop, Kaffee, Wasser und dem I Ging.

2. Hintergrundinformationen zum I Ging und der Bezug zur Wissenschaft

Wie erwähnt, existiert eine ganze Reihe von Büchern zum und über das I Ging. Die meisten sind Interpretationen und gehen letztlich auf die klassische Übersetzung des Pfarrers und Sinologen Richard Wilhelm zurück.
Richard Wilhelm kam als Missionar nach China. Er war begeistert vom I Ging und begann zusammen mit seinem Lehrer Lau Nai Süan 1913 die Übersetzung des Buches in die deutsche Sprache. Diese Übersetzung ist von Gründlichkeit gekennzeichnet - erst wenn die Rückübersetzung vom Deutschen in die chinesische Sprache korrekt war, wurde der übersetzte deutsche Teil übernommen, wobei an einigen Stellen die weltliche Einstellung von Richard Wilhelm deutlich wird. Besonders ist das daran zu erkennen, wenn das Wort „Gott" auftaucht! Das I Ging erklärt die Grundgesetze des Lebens. Es akzeptiert und arbeitet mit dem „Unerklärlichen", ohne sich irgendeiner gesellschaftlichen, philosophischen oder religiösen Richtung anzuschließen. Die Texte sind von Menschen geschrieben und verständlicherweise durch das jeweilige Weltbild geprägt.
Durch die Wirren des ersten Weltkrieges und die erwähnte Rückübersetzung gingen zehn Jahre ins Land, bevor das Projekt abgeschlossen wurde. Da die Texte von chinesischen und uns daher nicht geläufigen Metaphern und versteckten Informationen durchzogen sind, schreckt es viele Leser ab, sich mit den ihnen zu beschäftigen bzw. lässt missverständliche Schlüsse zu.

Ein Beispiel aus der Übersetzung Richard Wilhelms soll dies verdeutlichen:

„Die Frau sollte sich immer nach dem Willen des Hausherrn richten, sei es des Vaters, des Gatten oder des erwachsenen Sohnes."

Und schwups bekommt das I Ging den Stempel der Frauenfeindlichkeit. Wenn wir die Grundlagen durchgearbeitet haben, werde ich diesen Satz entschlüsseln und deutlich machen, dass er nicht als frauenfeindlich interpretiert werden sollte! Sie sind neugierig? Gut, dann schauen Sie doch in Kapitel 8. unter „Richard Wilhelm, Linie 2" nach.

2.1. Ursprünge des I Ging

Vielen nicht bekannt, ist das I Ging vermutlich das älteste Buch der Welt. Als gesichert gilt, dass es wesentlich älter als die Bibel ist. Menschen, die Sinologie (Chinesische Sprach- und Kulturwissenschaft) studieren, kommen unweigerlich mit dem I Ging in Berührung. Es hatte im alten China einen wesentlichen Einfluss auf die Herrschenden und die Führungselite des gesamten Landes. So beinhaltete u. a. die Prüfung, die höhere Beamte ablegen mussten, detaillierte Fragen zum I Ging. Auch philosophisch betrachtet wird der große Einfluss rückblickend mehr als deutlich. Die Wurzeln des Konfuzianismus und des Taoismus sind im I Ging zu finden. Die Chinesische Medizin und das Feng Shui haben im I Ging ihre Ursprünge, was viele alte Experten beider Richtungen zu der sinngemäßen Aussage trieb:

„Wenn Du das I Ging nicht kennst, sind Deine Methoden sinnlos."

2.2. I Ging und der Bezug zur westlichen Medizin

Im Jahre 1953 wurde der genetische Code mit seinen 64 Eiweißbausteinen entdeckt. Der Mediziner Dr. Martin Schönberger hat in seinem Buch „Weltformel I Ging und genetischer Code" viele interessante Parallelen zwischen beiden aufgezeigt. Hier dazu einige Beispiele:

Der Genetische Code	**I Ging**
Das Buch des Lebens (John Kendrew)	Das Buch der Wandlungen Fu-Hi & von Konfutse redigiert
Grundlage ist der Plus-und-Minus Doppel-Wendelfaden der DNS	Grundlage sind Yang = + und Yin = –
vier Grundsubstanzen regeln alles	vier Grundsubstanzen regeln alles
A=Adenin C= Cytosin, G=Guanin T=Thymin die paarweise verbunden sind	starkes Yang schwaches Yang starkes Yin schwaches Yin die paarweise verbunden sind
drei bilden immer ein Code-Wort	drei bilden immer einen Code
für Eiweiß-Synthese	für ein Trigramm
64 Eiweißbausteine	64 Lebensbilder

entnommen aus: Dr. Martin Schönberger: Weltformel I Ging und genetischer Code, Windpferd, ISBN-Nr.: 978-3-89385-345-8

Zitat: „Diese Buch wirft die Frage auf: Wieso stimmen die Erkenntnisse eines über 3.000 Jahre altes Buches mit den Erkenntnissen der DNS-Forscher von 1953 überein?"

Meine Einschätzung:

Vielleicht wussten die Menschen vor 3.000 Jahren viel mehr, als wir uns heute vorstellen können. Fakt ist jedoch: Sie haben seinerzeit viel stärker im Einklang mit und in Abhängigkeit von der Natur gelebt, und daher ist es aus meiner Sicht nicht verwunderlich, dass sie bestimmte Mechanismen, die in unserem Körper wirken, erkannt und niedergeschrieben haben. Provozierend gesagt, könnte man es so ausdrücken: Die Forscher haben den genetischen Code nicht entdeckt, sondern wiederentdeckt bzw. aus dem I Ging abgeschrieben! Okay, das ist nicht belegbar, aber die vielen Übereinstimmungen machen nachdenklich.

2.3. Binärer Code und das I Ging

Gottfried Wilhelm Leibniz, deutscher Philosoph und Wissenschaftler, beschäftigte sich mit Folgen und Reihen und entwickelte das Dualsystem mit den Ziffern 0 und 1 (Dualzahlen), welches für die moderne Computertechnik von grundlegender Bedeutung ist. Der binäre Code besteht aus nur einer Zahlenfolge von 0 und 1. Durch die Möglichkeit einer unendlichen Anreihung z.B. 01100001101 gibt es eine Vielzahl von Darstellungsmöglichkeiten. Jeder Computer funktioniert nach diesem Prinzip. Leibniz hatte sich intensiv mit dem I Ging befasst und hieraus den binären Code abgeleitet, z. B.

YinYangYangYinYinYinYinYangYangYinYang

0   1   1   0   0   0   1   1   0   1

Für ihn ist Yin und Yang der erste binäre Code der Welt. Ich folgere daraus: Ohne die Prinzipien des I Ging hätten wir keinen Computer. Zugegeben eine provokante These, aber es soll deutlich machen, wie das I Ging unser tägliches Leben beeinflusst, ohne dass uns dies bewusst ist. Wenn wir die Lebensprinzipien des Codes des Lebens, wie sie im I Ging beschrieben sind, verstehen und anwenden, können wir leichter und mit Freude leben, denn wir werden Zusammenhänge und Ereignisse besser zu deuten wissen.

Deshalb lade ich Sie ein. Kommen Sie jetzt mit mir in die Welt der Striche von Yin ▬▬ ▬▬ (ein unterbrochener Strich) und Yang ▬▬▬▬▬ (ein durchgehender Strich).

3. Yin ▬▬ ▬▬ und Yang ▬▬▬▬
die kleinsten Bausteine im I Ging

Die kleinsten Einheiten im I Ging sind die Einzelstriche Yin und Yang. Yin wird meistens als weiblich bezeichnet und Yang als männlich. Diese Bezeichnung bzw. Übersetzung aus dem Chinesischen ist nur sehr begrenzt richtig. Korrekt übersetzt bedeutet Yang: der Sonne zugewandt und Yin: der Sonne abgewandt. Yang ist das starke Kraftvolle, Yin das weiche Empfangende.

Eine kleine Liste von Yin und Yang-Eigenschaften

YIN	**YANG**
schwach	stark
hingebend	fordernd
empfangend	aktiv
Nacht	Tag
weich	hart
weiblich	männlich
Scheide	Penis
Materie	Energie

Im I Ging geht es immer um Veränderung. Die Wandlung zeigt das Leben. Deshalb wird das I Ging auch „Das Buch der Wandlung" genannt. Das „Starke (Yang) wird schwach (Yin)" und das „Schwache wird stark", und dann wird das „Starke wieder schwach" und so weiter! Yin und Yang haben nichts mit der festen Rollenbeschreibung von Mann und Frau zu tun. Frauen ohne Willen fehlt das Yang, und Männern ohne Verständnis für ihre Mitmenschen fehlt das Yin. Das I Ging beschreibt klar definierte Zustände, an denen wir feststellen können, ob uns z. B. Yin oder Yang fehlen oder sie im Überschuss vorhanden sind.

Dies kann man an dem kleinsten Zyklus im I Ging leicht deutlich machen:.

3.1. starkes Yin (Winter)

Dieses starke Yin steht für den Winter. Nichts wächst mehr, der Boden ist kahl. Diese Zeit steht fürs Ausruhen. Wir sollten nicht viel arbeiten, sondern uns an die alltäglichen Dinge halten. Neue Projekte sind nicht möglich. So wie der Bauer um diese Zeit nichts auf seinem Feld tun kann. Er pflegt „nur" seine Geräte / Werkzeuge, um sich für die Aktivität im Frühjahr vorzubereiten. Das Schwierige ist, zu erkennen, wann für uns Winter ist (das kann z.B. auch mitten im Sommer sein). Die Anzeichen für unseren persönlichen Winter sind Mutlosigkeit, Burn-out, chronische Krankheiten oder dauernde Müdigkeit. Was wir jetzt am besten tun können, ist zu entspannen und zur Ruhe zu kommen, um unseren Akku wieder „aufzuladen". Viele Menschen ignorieren diese Warnzeichen und arbeiten bis zur totalen Erschöpfung. Sie halten sich aufrecht mit Aufputschmedikamenten, und im extremen Fall nehmen sie Pillen gegen die Traurigkeit. Wenn wir uns in dieser Phase wahrhaftig Ruhe gönnen, holen wir das Liegengebliebene im Nachhinein mit vollem Schwung auf. Menschen, die dauerhaft hoffnungslos und traurig sind, bleiben „im Winter kleben", was heutzutage durch Ablenkungsmittel wie Fernsehen und Internet ganz leicht möglich ist.

3.2. Yin zu Yang (Frühjahr)

In der Wandlung steht dieses Yin für das Frühjahr. Langsam wird aus dem Samenkorn ein Trieb, der sich durch den Boden ans Licht kämpft und die kahle Erde mit jungem, hellem Grün bedeckt. Dies ist die Zeit für den Beginn neuer Projekte. Genau wie das junge Grün noch empfindlich gegenüber einem möglichen Frost ist, so sind unsere neuen Projekte noch in der Gefahr, zerstört zu werden. In der Natur ist das die Zeit, in der viel Aktivität stattfindet. Mit Bezug auf die Partnerschaft ist dies die Zeit der ersten Liebe. Alles ist leicht, unbeschwert, und gleichzeitig kann die junge neue Liebe schnell durch äußere Einflüsse in Gefahr geraten und zerstört werden, da sie noch nicht gefestigt ist.

Insgesamt ist diese Phase von Expansion getragen. Alles drängt nach vorne, Warten oder Ausruhen sind Fremdwörter. Dieses Gefühl kann sich am besten entwickeln, wenn wir in der vorherigen Periode - unserem persönlichen Winter - Kräfte gesammelt und sie nicht durch nutzlose Aktivitäten verschleudert haben. Die Schwierigkeit ist, zu erkennen, wann unser persönliches Frühjahr ist. Wenn es immer parallel zur Natur wäre, dann wäre es schön und einfach. Die psychologischen Zeichen für das Frühjahr sind Leichtigkeit, Mut, neue Dinge anzupacken, sich wenig Gedanken über Risiken zu machen, zu schnell nach vorne gehen. Insgesamt ein großer Optimismus, der Mensch neigt dazu,

Risiken zu unterschätzen. Eine Zeit, nach der sich viele sehnen, weil sie uns die Leichtigkeit des Seins aufzeigt.

In Unternehmen wird diese Zeit geprägt von Expansion und der Gefahr, dass unternehmerische Entscheidungen zu wenig auf ihre Risiken hin überprüft werden.

Ein Mensch, der in seiner Grundpersönlichkeit „Frühling" hat, ist jemand, der sehr optimistisch Neues anpackt, aber in der Gefahr ist, sich und seine Kräfte zu überschätzen und schnell aufgibt, sobald Schwierigkeiten auftauchen.

3.3. starkes Yang (Sommer)

Der starke Yangstrich steht für den Sommer, „die größte Fülle". Das ist die Zeit, in der in der Natur alles blüht, alles in der vollen Entfaltung ist. Es herrscht Überfluss und es ist die Periode, in der alles nur positiv gesehen wird. Trübe Gedanken oder Anflüge von Pessimismus sind weit weg. Genau wie in der Natur ist alles da. Wie im Schlaraffenland wird in dieser Zeit das Leben wahrgenommen. Die Partnerschaft befindet sich in der hohen Zeit (Hochzeit). Wir sind glücklich und zufrieden und glauben oft in dieser Zeit, dass alles für immer und ewig so bleiben wird. Nicht von ungefähr wünscht sich eine große Gruppe von Menschen einen dauerhaften Sommer. Dies ist aber nicht möglich. Der Yangstrich deutet den Zenit der Fülle an und damit auch gleichzeitig den beginnenden Abstieg, den bevorstehenden Zerfall. Deshalb ist es wichtig, die Zeit der Fülle zu genießen und gleichzeitig zu bedenken, dass diese Fülle ein zeitliches Ende hat. In Bezug auf zwischenmenschliche Beziehungen bedeutet dies, dass es nach der „HochZeit" wieder ruhiger wird. Darauf werde ich im nächsten Abschnitt noch genauer eingehen.

In Unternehmen werden in dieser Zeit die höchsten Gewinne gemacht, das Geld wird leicht verdient und an einen Abstieg möchte keiner denken. Ein Mensch mit dieser Persönlichkeitsstruktur ist erfolgsverwöhnt, nimmt das Leben als Spiel und hat in seiner negativen Ausprägung kein Verständnis für Menschen, die von Misserfolgen gebeutelt sind.

3.4. absteigendes Yang (Herbst)
die Energie/der Erfolg zieht sich zurück

Der absteigende Yangstrich steht symbolisch für eine rückläufige Sinuskurve. Das heißt, der gewohnte Erfolg geht langsam, aber sicher zurück. Wie sich die Natur zurückzieht, es kühler und dunkler wird, die Blätter fallen, so passiert dieses auch in dieser Lebensperiode.
In der Partnerschaft entdecken wir auf einmal Dinge, die uns stören. Wir merken, dass das Hochgefühl zurückgeht und die Leichtigkeit fehlt. Die Beziehung kühlt ab. Dies ist ein normaler Prozess, den viele Menschen aber als etwas Bedrohliches empfinden, weil sie vom gesellschaftlichen Idealbild geprägt sind, dass eine Beziehung immer gut laufen muss. Wenn wir letztlich den Herbst in der Beziehung als einen normalen Schritt ansehen, dann wissen wir, dass nach dem kommenden Winter wieder ein neues Frühjahr folgt oder die Beziehung / das Leben im ewigen Winter stecken bleibt. Denn es gibt bei den Beschreibungen stets mindestens zwei Möglichkeiten - 1. Das Verlängern der jeweiligen persönlichen Jahreszeit mit all ihren positiven oder negativen Folgen oder 2. Die Entwicklung und den damit verbundenen natürlichen Übergang in die nächste Jahreszeit. Am Beispiel der Partnerschaft bedeutet das: Es kann sein, dass die derzeitige Beziehung eine ist, die nur eine Periode hält (z. B. Affäre), oder dass sie auf Dauer angelegt ist. Im Gegensatz zu unserer westli-

chen Kultur hat das I Ging in der Partnerschaft nicht die Idee der Bindung „bis der Tod Euch scheidet", denn dies ist ein kulturhistorisches Konzept der westlichen Welt. Eine Beziehung, die auf Dauer angelegt ist, sollte für beide in der Partnerschaft nährend sein. Wenn dies nur für eine Person oder im Extremfall für keine der beiden Personen gilt, dann ist ein Aufzehren und eine dauerhafte Freudlosigkeit vorprogrammiert. In meiner Beratung habe ich schon häufiger erlebt, dass eine Affäre einer der beiden Partner zu einer Verbesserung der Beziehung führen kann, wenn sie das Fremdgehen als Chance begreifen, Bewegung in die Partnerschaft zu bringen. Moralisten, die über diese Ansicht erschrocken sind, seien nur darauf verwiesen, dass Studien zufolge über 50 Prozent der Partner im Laufe ihrer Ehe fremdgehen, und vielleicht ist dieses wesentlich besser als das triste Leben vieler Beziehungen, die nur durch den Tod geschieden werden.

Rückläufige Gewinne und Umsätze führen in Unternehmen häufig zu einer hektischen, unüberlegten Aktivität, dabei ist in der Zeit des Herbstes eine sorgfältige Betrachtung der Unternehmenssituation angebracht. Solange der Glaube existiert, dass es immer aufwärtsgehen muss, wird man die Situation anders betrachten, als wenn akzeptiert wird, dass es sich um einen Zyklus handelt, zu dem sich die Kräfte zurückziehen und es im Unternehmen zu einer sorgfältigen Neuorientierung kommen sollte. Hektische Aktivitäten sind in dieser Zeit völlig sinnlos. Treffen zur Ursachenforschung sind wichtiger als unüberlegte Handlungen zur schnellen Gewinnmaximierung. Selbstverständlich können solche Handlungen von Erfolg gekennzeichnet sein, sie gehen jedoch oft mit einem erheblichen finanziellen Aufwand einher. Der (finanzielle) Einsatz scheint auf den ersten Blick sinnvoll gewesen zu sein, letztlich wirkt er aber nur wie Kunstdünger und die Expansion zum falschen Zeitpunkt wie aufgebläht. Es ist vergleichbar mit einem Bauern, der im Herbst neue Pflanzen setzt und davon noch im gleichen Jahr Erträge erwartet. Die Leiter des Unternehmens sollten begreifen, dass der Herbst wie der folgende Winter zur Vorbereitung für neue Erfolge dient.

Menschen, die in ihrer Persönlichkeitsstruktur im Herbst stehen und diesen Zyklus nicht annehmen können, blicken oft zurück und trauern, dass sie im Frühjahr und Sommer aus ihrer subjektiven Sicht Chancen verpasst haben. Sätze wie „hätte ich mal" oder „warum habe ich das damals nicht gesehen" deuten an, dass sie nicht akzeptieren wollen, dass die Züge voller Möglichkeiten für diese Periode abgefahren und uneinholbar sind. Sinnvoller ist es, in dieser Zeit zu betrachten, warum man sich damals nicht für „dieses" oder „jenes" entschieden hat und sich hierdurch Handlungsmöglichkeiten für zukünftige Chancen zurechtlegt.

Der Herbst oder das absteigende Yang legt also grundsätzlich nahe - gleichgültig, ob es um Partnerschaft, Unternehmen oder Persönlichkeitsstruktur geht -, sich einmal anzuschauen, was man geerntet hat. Ist die Ernte mager und geht nicht mit den Erwartungen einher, so sollte man nicht jammern, sondern überlegen, wie man das Feld in Zukunft besser bestellen kann. Sätze wie, „hätte sich mein Partner nur anders verhalten", „wäre die Marktsituation doch besser", „wieso versteht mich keiner?" Diese Schuldzuweisungen führen dazu, dass keine Verantwortung für das eigene Verhalten übernommen wird. Zudem haben sie den großen Nachteil, dass die Situation nicht sauber analysiert wird.

Es werden also im Herbst die notwendigen Grundlagen für einen Neubeginn im Frühjahr gelegt. Das nächste Frühjahr kommt sowieso. Die Frage ist nur, ob in Bezug auf die Partnerschaft, das Unternehmen oder die Persönlichkeitsentwicklung ein schlechtes oder ein gesundes Samenkorn gepflanzt wird und ein kraftvoller oder kümmerlicher Trieb daraus heranwächst und die Grundlage für ein gutes persönliches Frühjahr mit satter Ernte im persönlichen Sommer legt. Das heißt: Gleichgültig, welchen Erfolg wir uns wünschen, die Vorbereitung im Herbst und Winter entscheidet darüber, ob wir unsere Ziele erreichen können.

3.5. Wenn es Winter im Sommer wird und umgekehrt.

Den oben genannten Zyklus spüren und erleben wir auch in uns selbst. Es gibt Zeiten, da fühlen wir uns auf der Höhe des Lebens (mitten im Sommer). Dies muss aber nicht zwangsläufig analog zur Jahreszeit Sommer verlaufen, sondern kann auch dann sein, wenn in der Natur „Winter" ist und natürlich umgekehrt. Zudem dauern unsere "persönlichen" Jahreszeiten meistens länger oder sind kürzer als die tatsächlichen Jahreszeiten, und wir können nicht genau einschätzen, wie lange eine Periode dauert.

Die Perioden im Menschen mit einigen kurzen Merkmalen:

Winter = keine Kraft, Ausruhen ist angesagt, im Extremfall: Hoffnungslosigkeit, es wird kein Ausweg gesehen, die Probleme scheinen unlösbar.

Frühjahr = Expansion, viel Mut, etwas anzupacken, im Extremfall: Mögliche Gefahren werden übersehen.

Sommer = großer Optimismus, alles läuft reibungslos, im Extremfall: Es wird vergessen, dass nach jedem Hoch ein Tief kommt.

Herbst = man freut sich über den vergangenen Erfolg und genießt ihn, im Extremfall: Trauer, dass der Erfolg vergeht.

Die Abläufe können noch verfeinert werden, wenn wir mit den Trigrammen (drei Yin/Yangstriche in unterschiedlicher Kombination) oder sogar Hexagrammen (sechs Yin/Yangstriche in unterschiedlicher Kombination) arbeiten. Dazu später mehr.

Dieser kleinste Zyklus zeigt in verdichteter Form das gesamte I Ging. Er zeigt, dass wir Veränderungen akzeptieren sollten und gleichzeitig betrachten können, wie wir sinnvoll den Prozess unterstützen oder gar nicht eingreifen können.

4. Die Acht Urbilder / Trigramme im I Ging

Die oben erwähnten Yin- und Yangzeichen waren in der damaligen Zeit der erste Versuch, die Grundprinzipien von Yin und Yang zu erklären. Mit der Zeit und in der Verfeinerung sind aus diesen Yin- und Yangstrichen acht Trigramme (Tri = drei) gebildet worden, mit jeweils unterschiedlichen Abfolgen von Yin und Yang. Die Zahl drei wurde gewählt, um die Ebenen Körper, Seele und Geist zu berücksichtigen.

Ebenen, aufgezeigt an den Trigrammen Erde und Himmel:

Hinweise zum Verständnis der Trigramme

Jedes Trigramm wird von unten nach oben gelesen. Wie eine Pflanze, die auch von unten nach oben wächst. Die untere Linie ist der Körper, die zweite Linie die Seele und die dritte Linie der Geist. Im I Ging wird berücksichtigt, dass neben der körperlichen Ebene das Unfassbare der Seele (unser nichtfassbarer Partner) und etwas Unerklärliches existiert, was je nach Glauben und Gesellschaftsrichtung z. B. Buddha, Gott, Allah oder Manitou genannt wird. Aus diesem „Dreiklang" sind die acht Trigramme entstanden, die auch die acht Urbilder genannt werden. Acht Urbilder deshalb, weil sie die grundsätzlichen Prinzipien in der Natur und in jedem Lebewesen erklären. Man kann alle Aspekte aus Natur und Forschung einem der acht Bilder zuordnen. Dies zu tun, würde natürlich den Rahmen dieses Buches sprengen. Ich werde aber neben der farblichen und familiären, pädagogischen und psychologischen Zuordnung auch einige medizinische Klassifizierungen erwähnen.

Die acht Urbilder stellen auch eine gesamte Familie dar, auf die ich in den einzelnen Trigrammen eingehen und auch zu jedem eine psychologische Beschreibung geben werde. Das Trigramm mit den drei Yangstrichen wird dem Vater zugeordnet. Die Mutter wird durch die drei Yinstriche symbolisiert. Die drei Töchter haben immer zwei Yangstriche und einen Yinstrich, die drei Söhne werden gekennzeichnet durch zwei Yinstriche und einen Yangstrich. Vielleicht auf den ersten Blick verwunderlich, dass die Töchter durch mehr männliche Striche dargestellt werden und die Söhne durch mehr weibliche Striche. Beim I Ging geht es um den Ausgleich von Yin und Yang. Wenn zu viel Yangenergie da ist, benötigen wir „Yin" als Ausgleich und umgekehrt! Denn wir werden nur dadurch stark, wenn wir das „Fehlende" stärken!

Meine Bitte: Ordnen Sie die Menschen nicht einzelnen Trigrammen zu, denn jeder von uns „lebt" normalerweise verschiedene Trigramme. Wenn wir mit uns ganz im Reinen sind, leben wir alle acht Trigramme, je nach Situation. Manche Menschen leben auch einen bestimmten Zeitraum lang ein Trigramm extrem, weil sie z. B. den geliebten Partner verloren haben. Es geht mir im Folgenden darum, deutlich zu machen, wie unterschiedlich die Menschen sind und weshalb oft Lebens- und Kommunikationsschwierigkeiten da sind und Menschen aneinander vorbeireden, obwohl sie die gleiche Sprache sprechen und ggf. sogar im gleichen Umfeld aufgewachsen sind. Auf den Punkt gebracht: Wie kann der Mensch, der nur im Sommer lebt, die Eigenschaften eines Wintermenschen verstehen und umgekehrt? Wenn ich als Sommermensch mehr über Wintermenschen weiß, komme ich besser mit ihnen zurecht und sie mit mir.

Selbstverständlich lassen sich mit dem I Ging genaue Persönlichkeitsbeschreibungen durchführen, dies würde aber weit über dieses Grundlagenbuch hinausgehen. Erst das Einmaleins und dann Prozentrechnen. Teilnehmer in meinen Seminaren beklagen sich häufig darüber, dass das Wort „Warten" ein Lieblingswort von mir sei. Wir verwechseln oft, dass „Warten" nicht „Nichtstun" bedeutet, sondern vielmehr Handeln zur rechten Zeit! Oft wollen wir etwas zu schnell und zerstören dadurch etwas Wertvolles.

4.1. Die Energie des Himmels

Der Himmel

━━━━━━━━━
━━━━━━━━━
━━━━━━━━━

Kien

Energie / unkörperlich

Vater / Unternehmensführer

Anfang eines neuen Projektes

Der Himmel besteht aus drei durchgehenden Yangstrichen: Körper, Seele und Geist sind stark. Die Farben Weiß und Metall deuten auf die Reinheit und Stärke hin. In der Familie steht das Zeichen für den Vater. Die Jahreszeit ist der Hochsommer, wo alles in voller Pracht steht. Die warme Temperatur lässt uns diese Energie spüren. Der folgerichtige Körperteil ist der Kopf. Der Himmel ist der Anfang eines neuen Projektes. Die Kraft drängt auf allen drei Ebenen nach vorne und will sich endlich entfalten. Was zu folgender Situation führt: „Warten" ist in diesem reinen Zustand ein Fremdwort, man will seine Ideen verwirklichen, und das Potenzial ist dafür auch sehr stark vorhanden.

Persönlichkeit

Menschen mit diesen Eigenschaften sind voller Tatendrang, aber ungeduldig gegen über Menschen, die diese Kraft nicht haben. Im harmonischen Zustand motiviert „der Himmel" andere zu großen Taten. Er hat eine charismatische Ausstrahlung und ist der geborene Führer. Menschen vertrauen ihm und sind bereit, auch schwere Zeiten mit ihm durchzustehen, da sie spüren, dass er zum Wohle aller Beteiligten seine gesamte Yangkraft einsetzt.
Im disharmonischen Zustand benutzt dieser Mensch seine Stärke um diktatorisch zu herrschen und jede andere Meinung zu unterdrücken, die Menschen folgen ihm aus Angst oder weil sie sich einen Vorteil erhoffen (Vorteil erhoffen ist eine versteckte Form von Bestechung!). Deshalb werden diesem himmlischen Zeichen nicht nur weise Menschen zugeordnet, sondern auch Diktatoren.

Praxisbeispiel:

Ein Manager kam zu mir, weil er in einem Familienunternehmen mit seinen Entscheidungen meistens nicht durchkam. Ich sollte ihn rhetorisch schulen, damit er in Zukunft seine Ziele erreiche. Im Gespräch stellte sich heraus, dass er sich viele Gedanken um „sein" Unternehmen machte und das Beste für alle Beteiligten wollte. Sein Problem war nur, dass er mit seinem Yangkopf (umgangssprachlich Dickkopf) etwas durchsetzen wollte, ohne den anderen Beteiligten die Chance zu geben, die getroffene Entscheidung auch nachzuvollziehen. Letztlich fehlte ihm die Weichheit und das mütterliche Prinzip des Trigramms „Erde". Ich erklärte ihm den weiter oben beschriebenen Zyklus von Yin und Yang und bereitete damit meine weitere Vorgehensweise vor.

Kurzer Einschub: Sein ursprünglicher Auftrag, ihn rhetorisch zu schulen, hätte das überschäumende Yang nur verstärkt. Wichtig war in der Situation vielmehr, die Bedürfnisse seiner Mitarbeiter zu verstehen, um darauf angemessen reagieren zu können. Wer führen will, muss zumindest gedanklich in der Welt derer sein, die er führt.

Bei der nächsten Sitzung und unter Zuhilfenahme einer uralten Entspannungsmethode bat ich ihn, sich einmal in die Situation der anderen Beteiligten hineinzuversetzen und sie zu betrachten. Er war dazu bereit, betonte aber vorher nochmals, dass es für ihn keine Lösung des Problems gäbe (Das waren noch mal Grüße von seinem starken Willen = Yang.). Dies überhörte ich einfach, und er ging dann bereitwillig auf die sehr tiefe Entspannungsreise. Nachdem er hieraus zurückkam, sagte er mir: „Ich habe die Lösung gefunden!" Mein Kommentar: „Ich dachte, es gibt keine Lösung!", beantwortete er mit: „Ja, ich weiß, ich bin ein ziemlicher Dickkopf, das höre ich täglich von meiner Frau!" Das starke Yang/der Himmel verließ zufrieden meine Beratung und konnte in seiner Firma sinnvolle Veränderungen so vermitteln, dass alle Beteiligten bereitwillig an der Veränderung mitarbeiten, und ich durfte das Unternehmen dabei begleiten. Diese Beratung hatte noch ein lustiges Nachspiel. Einige Tage später rief seine Frau an und sagte mit fröhlicher Stimme am Telefon: „Was haben Sie mit meinem Mann angestellt?" Hintergrund war, dass er zu Hause auch weicher, zugänglicher geworden war, und sie wollte sich einfach nur bei mir bedanken.

Anmerkung:

Eine solche Arbeit, wie die gerade vorgestellte, kann ich nur leisten, weil ich immer den exzellenten Berater „I Ging" im Hintergrund habe und alles, was ich tue, hiermit abgleichen kann. Ich habe mit dem Wissen des I Gings einen Controller, der dafür sorgt, dass es nicht um meine Meinung geht. Das ist nur möglich, weil ich durch meine intensive Beschäftigung mit dem I Ging alle Zeichen auswendig kenne.

4.2. Die Fügsamkeit der Erde

Die Erde

☷

Kun

Materie / körperlich

Mutter / Personalchef

Sich anpassen an eine Situation

Die Erde wird bildlich mit offenen Linien dargestellt und zeigt damit das Prinzip des Empfangens auf den Ebenen Körper, Seele und Geist an. Sie fordert nicht, sie ist geöffnet und empfangsbereit. Sie wird der Mutter zugeordnet. Die Farbe Gelb mag auf den ersten Blick irritieren. Gelb deutet auf die Mitte hin. Wer sich mit den Grundprinzipien der chinesischen Ernährung beschäftigt hat, wird hierdurch wissen, dass dem Erdprinzip eine besondere Bedeutung zukommt. In dieser Ernährung geht es unter anderem darum, Produkte zu essen, die dem Element Erde zugeordnet sind - wie z.B. Mais oder Kartoffeln -, um die Mitte, d.h. die Prinzipien der Erde, zu stärken. Die Erde steht für Schutz und Fürsorge. Der Körperbereich, der der Erde zugeordnet ist, ist der Bauch. Die Erde ordnet sich unter, sie macht stillschweigend die Arbeit, ohne nach Ruhm, Lohn oder Ehre zu streben. Dienen und Demut sind hier zu finden.

Persönlichkeit

Im harmonischen Zustand sind Menschen mit diesen Eigenschaften sehr hilfsbereit und stellen ihre eigenen Bedürfnisse hintenan. Ihnen geht es nicht um Anerkennung, sondern darum, die Dinge zu tun, wenn sie getan werden müssen. Sie sind fleißige Arbeiter und lassen sich leicht führen, da die eigene Meinung fehlt. Eltern, die hiermit ausgestattet sind, kümmern sich sehr liebevoll um die Erziehung ihre Kinder und empfinden diese Arbeit nicht als Mühsal.
Im disharmonischen Zustand kleben Erdmenschen mit ihrer Fürsorge an anderen und erkennen oft gar nicht, dass ihre Hilfe nicht gewünscht wird. Anderen zu helfen ist letztlich ihr Lebenssinn. Bei Eltern ist dieses besonders spürbar; wenn die Kinder aus dem Haus sind, wissen sie oft nur noch wenig mit ihrem Leben anzufangen.

Praxisbeispiel:

Ein mittelständischer Unternehmer suchte mich in meiner Beratungspraxis auf. Grund war die schon lange bestehende desolate Lage seines Unternehmens. Im persönlichen Gespräch wurde sehr schnell deutlich, dass er sehr hilfsbereit war und für alles Verständnis hatte. Er erzählte mir, dass es für ihn sehr wichtig sei, mit den Mitarbeitern und Kunden sehr gut auszukommen. Den Betrieb hatte er von seinem Vater übernommen, weil er sonst geschlossen worden wäre. Ich entschloss mich, das Unternehmen und die Mitarbeiter zu besuchen. Das Treffen mit den Mitarbeitern brachte es an den Tag: alle fanden ihn nett, aber es hörte kaum einer auf ihn.

Das Motto im Unternehmen lautete daher auch: „Wir halten uns nicht an die Regeln".

Der Zustand im Unternehmen war auch sonst von Regellosigkeit und übertriebener Fürsorge durchzogen. Dieses überzogene Yin-Verhalten kostete den Unternehmer in den letzten sechs Jahren (so lange wurden keine Gewinne mehr erwirtschaftet) rund 130.000 Euro, wobei sein Gehalt hier nicht eingerechnet ist. Der Verlust wurde durch Bankkredite finanziert, was verständlicherweise das Unternehmen noch stärker belastete. Interessant war, dass er im Jahr vor dem Beginn der Beratung „nur" 15.000 Euro Verlust machte, obwohl es wirtschaftlich ein gutes Jahr für die Branche war. Vergleichbare Unternehmen hatten satte Gewinne eingefahren.

Sie werden es jetzt erkannt haben. Das Yin im Unternehmen war ausgeprägt und übermächtig, das Yang kaum zu finden. Wir erarbeiteten deshalb klare Regeln (Yang) für die Mitarbeiter und schworen alle Mitarbeiter im Rahmen eines zweitägigen Workshops auf die neue Linie ein. Die meisten Mitarbeiter nahmen diese Klimaveränderung dankbar auf mit Kommentaren wie: „Endlich passiert hier was" oder „Jetzt weiß ich endlich, wo ich dran bin." Der Leiter der Werkstatt war die einzige Person, der die neue Ausrichtung boykottierte, was auch verständlich war. Er hatte eigene Regeln in der Werkstatt aufgestellt mit großzügigen Pausen über den gesamten Arbeitstag verteilt. Seine Macht wurde beschnitten. Es kam zu einem Dreiergespräch (Unternehmer, Leiter der Werkstatt und ich), weil er sich nicht an die Vereinbarungen hielt. Wir betonten, dass er gerne im Unternehmen bleiben könne, wenn er sich unverzüglich an die für alle geltenden Vereinbarungen halte. Das wollte er nicht, und es kam zu einem Auflösungsvertrag. Im Folgejahr erlebte die Branche deutliche Gewinneinbrüche, das Unternehmen machte nach sechs Jahren den ersten, wenn auch noch spärlichen Gewinn von 20.000 Euro (auch wieder ohne Unternehmerlohn).

4.3. Die Heiterkeit des Sees

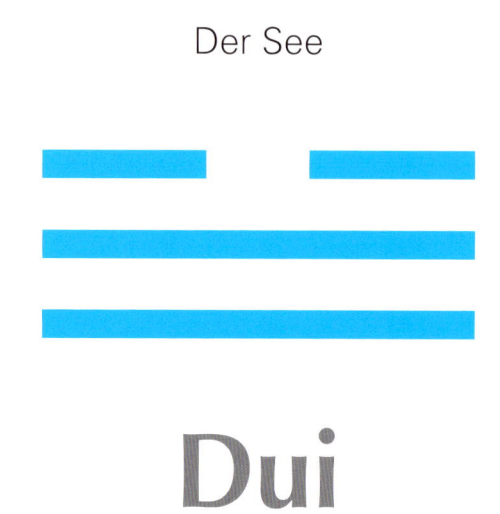

Der See

Dui

Frohsinn / Begeisterung

Mund / Kommunikation

Das Mitteilen und Austauschen

Der See besteht aus den zwei unteren Yangstrichen und einem darüber liegenden Yinstrich. Der See steht für Urlaub, Erholung und Kommunikation. Er ist der jüngsten Tochter zugeordnet, dem sogenannten Sonnenschein. Das dazugehörige Bild ist ein mit Wasser gefülltes Gefäß, der Körperbereich ist dem Mund zugeordnet und damit der Kommunikation, die wir gleich auf drei Ebenen betrachten können. An der Oberfläche des Sees finden wir das „dumme Geschwätz". Zeitweise Oberflächliches von sich zu geben ist in Ordnung und kann der Erholung dienen. Menschen, die sich dauerhaft so verhalten, haben keine Tiefe. Menschen, die mehr über den Sinn des Daseins und ihre eigene Persönlichkeit wissen wollen, tauchen in den See ein und befinden sich auf der zweiten Ebene. Hier geht es um die spürbaren und offensichtlichen inneren Belastungen. Ein Bekannter von mir zeigte dieses sehr deutlich. In Gesprächen war er immer der Mittelpunkt mit seinen oberflächlichen Geschichten (oberste Linie vom See). Diese Geschichten waren davon geprägt, dass er immer der Beste war. Um seine Gesundheit kümmerte er sich wenig. Eines Tages ereilte ihn ein Bandscheibenvorfall, er wurde ernster und dachte über sein Leben nach (mittlere Linie vom See). Die Gespräche mit ihm wurden tiefsinniger. Den Rat des behandelnden Mediziners, regelmäßig gesundheitsorientiertes Krafttraining zu machen, nahm er an, bis die Schmerzen vorbei waren. Er ging dann nur noch unregelmäßig zum Training, und auch die Gespräche mit ihm wurden wieder oberflächlicher. Bald war er wieder genauso wie früher und der Ratschlag des Arztes ganz vergessen. Dann kam der zweite Bandscheibenvorfall, gekoppelt mit dem Verlust des Arbeitsplatzes. Eine Operation war unumgänglich geworden. Er wurde nachdenklicher und war jetzt bereit, nach den medizinischen und psychischen Ursachen seiner Erkrankung zu suchen. Seine Frau sagte mir später, sie könne jetzt viel besser mit ihm reden.

Wer die Ursache der Ursachen klären will, die ihn belasten (z. B. „Warum bekomme ich immer wieder Partner, die Alkoholiker sind?" oder: „Wieso werde ich mit meinen Gefühlen nicht ernst genommen?"), taucht auf den tiefen Grund des Sees und befindet sich auf der 3. Stufe. Hier liegen unsere tiefen und giftigen seelischen Verletzungen. Ähnlich wie vor Jahren Tonnen mit Giftmüll ins Meer geschüttet wurden, weil man dachte, sie würden auf immer und ewig auf dem Meeresgrund verschwinden und nicht mehr hochkommen, ist es auch mit unseren eingeschlossenen tiefen und „giftigen" seelischen Verletzungen. Oft staunen wir in Extremsituationen, welche Verhaltensweisen wir an den Tag legen können, und sind erschrocken darüber, wie wir reagiert haben - da hat es dann wieder eine verdrängte „schwere seelische Verletzung" an die Oberfläche geschafft.

Wenn wir wirklich frei werden wollen, müssen wir in unsere tiefen Abgründe blicken und diese schweren seelischen Belastungen sorgfältig und oft mit fachlicher Hilfe behandeln, damit sie nicht unvermittelt schwere Schäden verursachen. Wenn wir unseren See von diesen Verunreinigungen gereinigt haben, dann kommt die natürliche Heiterkeit von selbst.

Persönlichkeit

Menschen im harmonischen Zustand mit dem Element See können gut kommunizieren. Sie stehen schnell im Mittelpunkt und sind in ihrem Umfeld auch sehr beliebt. Ihre heitere, offene Art kommt schnell an, weil sie natürlich ist. Berufe, wo es ums Reden geht, gehören zu diesem Zeichen.

Im disharmonischen Zustand sind Menschen mit diesem Zeichen Schwätzer. Sie nehmen keine Rücksicht auf die Interessen anderer, sie lieben die eitle Selbstbespiegelung und/oder täuschen raffiniert ihre Mitmenschen, da sie ihr Gespür für Menschen nur zum eigenen Vorteil einsetzen. Klassisches Beispiel: Der Heiratsschwindler verkörpert gut dieses Trigramm in seinem disharmonischen Zustand.

Praxisbeispiel

Der Erstkontakt zu Kunden kommt meistens über das Telefon. So meldete sich eine Unternehmerin mit fröhlicher und leichter Stimme. Sie wirkte beim Anruf so, als ob das Wort Probleme für Sie ein Fremdwort sei. Wir vereinbarten einen Termin. Schon bei der Begrüßung wurde mir deutlich, dass sie den See in ihrer Kleidung demonstrierte. Sie war bekleidet mit hellen, sonnigen Farben und lächelte unentwegt. Auch hier der gleiche Eindruck - Probleme scheint diese Person nicht zu haben. Das Gespräch fing oberflächlich an. Ich hörte ca. 10 Minuten zu und formulierte dann freundlich und wertschätzend: „Ich verstehe gar nicht, warum Sie hier sind. Sie machen so einen fröhlichen Eindruck. Ich denke wir sollten besser Eis essen gehen, eine Beratung brauchen Sie anscheinend nicht." Dieser Satz von mir führte bei ihr zu einer absoluten Veränderung in der Körperhaltung. Ihr Gesicht wurde traurig und sie teilte mit, genau das sei ihr Problem. Sie hätte den Drang, immer fröhlich zu sein, auch wenn es ihr ziemlich dreckig gehe. Mit meiner Intervention hatte ich erreicht, dass sie von der Oberfläche des Sees in ihre dunklen Tiefen ging, wo sie ihre schweren seelischen Verletzungen fest eingeschlossen hatte.

Sie erzählte mir dann, dass sie seit Jahren versuche, nicht in ihr Inneres (= Tiefe des Sees) zu schauen, weil sie in ihrer Kindheit und in den ersten Jahren als Erwachsene ein Menge schrecklicher Erlebnisse gehabt habe, die ich hier nur als sexuellen Missbrauch und massive Unterdrückung in der ersten Ehe erwähnen möchte. Die Fröhlichkeit ist bei ihr ein Schutzschild, um ihre Verletzungen nicht nach außen zu zeigen. Ich fragte sie, wie sie mit ihrer Traurigkeit und Wut umgehe, und sie antwortete mir, sie habe nie Wut. Diese Äußerung veranlasste mich zu der Annahme, dass sie tief im Inneren des Sees ihre Wut eingesperrt hatte. An die tiefen Stellen des Sees kommen wir oft nur mit Vorgehensweisen heran, die sich nicht auf der Sprachebene befinden.

Ich bat sie zu prüfen, ob sie mir vertrauen könne. Wenn dies nicht der Fall sei, sei es völlig in Ordnung und wir würden für sie eine andere Lösung finden. Sie solle überprüfen, ob sie davon überzeugt sei, dass ich ihr wirklich helfen könne, und mir vertraue. Sie sagte mir, sie habe mir schon viel mehr erzählt, als sie sich für den ersten Termin vorgenommen habe, und sie schenke meinen Methoden Vertrauen, auch weil ihre beste Freundin sehr wertschätzend von meiner Arbeit gesprochen hatte. Aufgrund ihrer sehr starken seelischen Verletzungen bat ich sie nochmals, jeweils genau meine Vorschläge zu prüfen. Ich würde jedes Nein akzeptieren und wäre dann gefragt, eine andere Lösung für sie zu finden. Jetzt äußerte ich meinen Wunsch, eine uralte Methode anzuwenden, damit sie sich Stück für Stück von ihren inneren Verletzungen befreien könne. Sie ließ sich darauf ein. Bei dieser Methode ist es notwendig, dass der Ratsuchende sich auf eine Liege legt und seine Augen schließt. Sie machte dies ohne Zögern, und schon nach kurzer Zeit bekam sie einen Wutanfall. Sie schlug wie wild mit den Beinen auf die Liege und weinte danach bitterlich. Nach ca. 8 Minuten entspannte sich der Körper, sie wurde ruhiger und schlief vor Erschöpfung kurz ein. Nach einiger Zeit erwachte sie und wirkte sehr entspannt. Sie teilte mir mit, dass sie sich jetzt sehr erleichtert fühle. Nach diesem emotionalen Ausbruch führten wir das vorher abgebrochene Gespräch weiter und sie berichtete jetzt sehr offen über die großen Probleme in ihrem Unternehmen, die sie bisher nur oberflächlich angegangen war. Von diesem Zeitpunkt an konnte sie ihre Probleme leichter angehen, weil sie einen großen inneren Gefühlsstau aufgelöst hatte. Bis sie sich ganz von den alten schmerzhaften Erlebnissen gelöst haben wird, dauert es natürlich noch einige Zeit.

Mit dem I Ging habe ich gelernt, die richtigen Impulse zu setzen. Die Auflösung des Problems muss die Person selbst wollen, ich kann diese Entwicklung nur begleiten.

4.4. Die Struktur des Berges

Der Berg

Gen

Geduld / Stillhalten

Anhäufung / Festhalten

Klare, aber wenige Regeln in Partnerschaft
und Unternehmen

Der Berg hat unten zwei Yinstriche und darüber einen Yangstrich. Körper und Seele sind offen, der Geist wird durch den Yangstrich auf der dritten Linie abgedeckt. Er ist der Herrscher in diesem Trigramm. Der Berg ist die sogenannte „harte Erde". Als Familienmitglied ist es der jüngste Sohn, „der mit vierzig noch immer der Kleine ist". An ihm wird gerne festgehalten, da mit dem Auszug des Jüngsten endgültig eine sehr bedeutsame Phase der Eltern zu Ende geht. Wenn es keine Zukunftsalternativen gibt, will man die lieb gewonnene Situation konservieren. Da sind wir bei einem wichtigen Thema des Trigramms „Berg". Festhalten und das Aufstellen von Regeln gehören zu diesem Zeichen. Der Berg steht für Anhäufung von Materie, und beruflich wird er folgerichtig den Beamten zugeordnet.

Persönlichkeit

Im harmonischen Zustand werden Bergmenschen problemlos Besitztümer anhäufen, ohne dass sie habgierig werden. Sie halten sich an Regeln und verlangen es auch von anderen. Genauso gehen sie mit angehäuftem geistigen Besitz um, sie halten nicht fest, sondern geben ihr Wissen gerne weiter.

Im disharmonischen Zustand sehen Bergmenschen ihre Sicht der Welt als das Maß aller Dinge. Sie werten jeden ab, der nicht in ihr Wertesystem passt. Ihren materiellen und geistigen Besitz halten sie habgierig zusammen. Ihre versteckte Angst, alles zu verlieren, sorgt bei Sicherheitsdiensten und Herstellern von Alarm- und Schutzsystemen für gute Geschäfte. Sie versuchen immer mehr anzuhäufen und festzuhalten, weil sie glauben, dass man Glück kaufen kann und die Angst vor materieller Armut immer da ist.

Praxisbeispiel

Bergmenschen kommen nicht so häufig in meine Beratung. Wenn, dann haben sie schon vorher für sich entschieden, dass es ihnen einen wirtschaftlichen Vorteil bringt.

Ein Unternehmer bat mich um ein Gespräch zur Durchführung von Kommunikationsseminaren. Im Erstgespräch fragte ich ihn, was Ziel dieser Seminare sein solle. Sinngemäß sagte er: „Ich möchte durch die Kommunikationsseminare mehr Zufriedenheit im Unternehmen." Mich verwunderte diese Aussage, da ich auch im tiefergehenden Gespräch keine eindeutige Aussage bekam. Er ließ mir völlig freie Hand und ich war noch mehr verwundert. Sollte der Berg etwa kein Berg sein? Hatte ich etwas übersehen? Ich fand heraus, dass er sich bei der Firma X (ein früherer Kunde von mir!) im Vorfeld über mich sehr genau erkundigt hatte (das spricht zumindest für Berg), die mich auch als Seminarleiter empfohlen hatte. Ich nahm den Auftrag an, machte meine üblichen Vorarbeiten und stellte sehr viel Misstrauen bezüglich meiner Arbeit bei den Mitarbeitern fest. Nur wurde niemand konkret.

Ich begann mit dem ersten Seminar. Nachdem ich erzählte, dass persönliche Dinge aus dem Seminar nicht nach außen dringen werden und die Teilnehmer erleben konnten, wie ich mit Konflikten umging, kam die Wahrheit ans Tageslicht. „Herr Geurts, der hat sie doch nur eingesetzt, weil wir dem Geizhals auf die Füße treten, er zahlt immer viel zu spät die Löhne aus, ändert willkürlich die Regeln und akzeptiert nur seine Meinung als Gottesgebot. Jetzt will er mit Ihrer Hilfe den Betriebsrat verhindern, das werden Sie aber nicht schaffen." Da hatte ich meinen Berg, und er hatte mich raffiniert um den Finger gewickelt, das war eine clevere Leistung. Ich bat diese Seminargruppe und auch die folgenden Gruppen um Erlaubnis, über bestimmte Themen mit dem Unternehmer sprechen zu dürfen, ohne Namen zu nennen. Ich ging bewusst erst nach dem letzten Seminar zu ihm, um alle Teilnehmer in ihrer Gesamtheit zu schützen. Der Auftraggeber und ich wählten als Reflexion des Seminarprojektes einen Samstag, um ungestört über die Wirkungen und Folgen zu reden. Er war sehr gut gelaunt. Er hatte schon kurz nach Projektende die ersten Wirkungen gespürt. Die Stimmung sei viel besser geworden, die Mitarbeiter begrüßten ihn jetzt freundlicher. Ich sagte ihm, ich hätte noch einen dauerhaften kostengünstigen Motivationstipp für ihn. Wenn er Interesse hätte, würde ich ihn gerne vorstellen. Er bejahte. Ich sagte ihm, es könnte aber sein, dass er mich danach aus dem Büro rausschmeißt. Er verneinte dies strikt. Ich erzählte von der Wut der Mitarbeiter, über die zu spät gezahlten Löhne und die Willkür in den Regeln. Jetzt passierte etwas für mich auch ziemlich Überraschendes. Er fing bitterlich an zu weinen. Es dauerte lange, bis er sich beruhigt hatte. Dann erzählte er, dass sein Vater ein Geizhals war und er früher nie so werden wollte (kurze Anmerkung: Kinder, die nicht werden wollen wie ihre Eltern, werden oft genauso, da sie kein anderes Modell gelernt haben). Da saß ein vermeintlich knallharter Unternehmer vor mir mit ziemlich geröteten Augen und bat mich um Hilfe. Der „harte Berg" hatte sich aufgelöst und die Beschreibungen im I Ging stimmen mit der erlebten Wirklichkeit überein - hinter jedem hartherzigen Menschen steckt Angst und Traurigkeit. Das Coaching mit ihm hat mich belehrt, in Zukunft die jeweiligen Verhaltensmuster besser zu betrachten.

Die Stimmung im Unternehmen stabilisierte sich. Sie wurde freundlich und es gab nun klare Regeln, die für alle gültig waren. Natürlich gab es Übergangsschwierigkeiten, die eine Zeit lang anhielten. Nur war das nicht mehr relevant, denn das (Arbeits) Leben für alle im Unternehmen wurde leichter. Kurios, der Unternehmer erreichte sogar auf diesem Weg sein Ziel. Es wurde bis zum heutigen Tag kein Betriebsrat gegründet, weil keiner mehr den Bedarf sah.

4.5. Die Beharrlichkeit des Windes

Der Wind

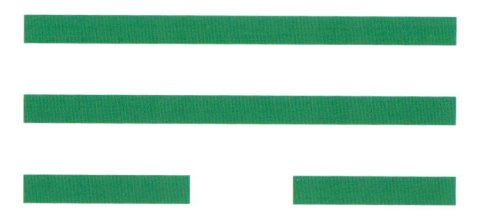

☴

Sun

Reife / Alter

sanft / durchdringend

Beharrlich bleiben auch in Schwierigkeiten

Der Wind hat unten einen Yinstrich und darüber zwei Yangstriche. Unten ist die Erde und darüber das Starke. Der Wind ist dem Schenkel zugeordnet und der ältesten Tochter. Das dunkle Grün steht für das alte Holz, welches Erfahrung und spätes Lebensalter symbolisieren soll. Der Wind ist Vermittler zwischen Himmel und Erde. Deshalb wird er beruflich auch gerne den Diplomaten zugeordnet. Mit seinen vielfältigen Erfahrungen (er war schon in vielen Höhen und Tiefen) besitzt er ein großes Wissen. Wichtig für ihn ist zu lernen, dieses Wissen in eine bestimmte Richtung zu lenken. Das I Ging spricht wie folgt davon: „Du hast nur Erfolg, wenn Du Deinem Leben Richtung gibst". Das ist für Windmenschen oft das größte Problem. Sie verweilen nicht gerne an einem Ort. Durch die Rastlosigkeit wird ihr Wissensschatz größer - dauerhafte Entscheidungen treffen und sich auch daran halten, das tun sie nicht gerne. Diese Menschen kann man leicht daran erkennen, dass sie neuen Erkenntnissen sehr vorurteilsfrei gegenüberstehen. Andere Menschen sagen häufig über Windmenschen „Mensch, der weiß so viel und ist so nett, warum bringt der nichts zustande?"

Persönlichkeit

Windmenschen, die es schaffen, ihrem Leben Richtung zu geben, werden oft auf ungewöhnlichen Gebieten sehr erfolgreich, da sie ihr Expertenwissen nie über andere stellen und hierdurch auch in hoher Position noch dazulernen. Windmenschen können mit Menschen aus jeder gesellschaftlichen Schicht auskommen, da sie einen reichen Erfahrungsschatz im Umgang mit ihren Mitmenschen haben.

Der Wind ist ein Kind der Freiheit, wenn er eingesperrt wird, kann er sich nicht entfalten und verliert seine Kraft. Als Mitarbeiter ist er hervorragend geeignet, wenn ihn seine Arbeit und das Thema interessiert und seine Vorgesetzten ihn an den reinen Ergebnissen messen und nicht jeden Schritt, jede Kleinigkeit auf dem Weg dorthin kontrollieren wollen.

Praxisbeispiel

Ein Mutter bat mich um Hilfe, da ihr Kind ganz plötzlich nach den Schulferien nur noch miserable Leistungen in der Schule brachte. Die üblichen Nachforschungen, ob etwas Besonderes in der Zeit passiert sei oder die Eltern eventuell in einer Krise seien, förderten keine klaren Gründe zutage. Im Gespräch mit der Mutter und ihrer sehr lebendigen Tochter stellte ich nochmals die Frage, ob etwas Besonderes passiert sei. Die Mutter antwortete, dass auch nach Rücksprache mit ihrem Mann keine besonderen Vorfälle entdeckt worden seien. Die Tochter kam bei dieser Aussage schnell mit ihrem Körper nach vorne und sagte: „Natürlich ist etwas Besonderes passiert, Ihr habt mir das Reiten verboten!" Die Mutter berichtete, dass die Tochter ein halbes Jahr Reitverbot habe, weil sie einen ziemlich großen Unfug angerichtet hätte. Das Nachfragen ergab, dass sie gerne reitet und bis zum Verbot mindestens drei- bis viermal pro Woche bei ihrem Pferd war. Ich empfahl, das Reiten wieder zu erlauben, weil es aus meiner Sicht die Ursache für die schlechten Leistungen war. Die Mutter war im ersten Augenblick erstaunt, wollte es aber ausprobieren. Die Leistungen in der Schule erreichten schnell wieder das Niveau, das vor dem Verbot bestand, und das Kind bekam eine andere Bestrafung!

Wieso kam ich sehr schnell auf die Ursache? Bei der Tochter deutete alles auf vorherrschenden Wind hin. Ihre Beweglichkeit, ihr sofortiges Interesse für den Strichcode und dass die Schenkel (gehören zum Wind) sehr bedeutsam sind beim Reitsport, gaben mir den entscheidenden Hinweis. Durch das Reitverbot konnte sie die Windenergie nicht mehr ausleben. Wenn der Wind gedeckelt wird, fehlt Sauerstoff, und ohne Sauerstoff gibt es nunmal kein Leben und es entwickelt sich Verdorbenes.

4.6. Das Aufrütteln des Donners

Der Donner

Dschen

Anfang der Bewegung

emotionell / dynamisch

Der Impulsgeber rüttelt uns wach

Der Donner (auch junges Holz genannt) mit einem unteren Yangstrich und den zwei darauffolgenden Yinstrichen wird hellgrün dargestellt, da er für den Beginn einer Idee und jahreszeitlich für den Frühling steht. Er symbolisiert in der Familie den ältesten Sohn. Der Donner wird auch als der Architekt bezeichnet, weil ein guter Beginn eine sorgfältige Planung benötigt.

Der Donner hat durch den unteren Yangstrich eine Überbetonung der Körperlichkeit. In der Entwicklungspsychologie wird der Donner der Pubertät zugeordnet, wo er auch das Zwischenstadium zum Erwachsenwerden symbolisiert. Genau wie in der Pubertät zwischen Kind und Erwachsensein geschwankt wird, zeigt der Donner an, dass wohl ein starker Impuls vorhanden ist, aber die Richtung sich noch nicht klar herausgebildet hat. Das Hellgrüne symbolisiert im Donner das sogenannte junge Holz. Genau wie das junge Holz noch biegsam ist, muss die Idee / der Impuls eine Richtung finden. Zusammengefasst steht der Donner für einen Neuanfang.

Persönlichkeit

Donnermenschen sind Menschen mit sehr viel impulsiver, spontaner Kraft, die aber nicht lange anhält. Menschen, die sich schnell begeistern lassen und denen dann die Beharrlichkeit für eine Fortführung fehlt, leben nur ihre Donnerfähigkeiten aus. Der Donner ist daher mit etwas Aufstrebendem zu vergleichen. Hier werden oft in der Erziehung und in der Mitarbeiterführung Fehler gemacht. Eltern und Vorgesetzte qualifizieren „verrückte Ideen" von Kindern und Mitarbeitern viel zu schnell als Quatsch ab, wundern sich aber dann später, warum die Menschen nicht mehr kreativ sind. Ich habe dies einmal sehr hautnah bei einem Unternehmer erlebt, der oft sehr emotional die Ideen seiner Mitarbeiter abwertete. Diese Menschen, sich folgerichtig nicht mehr trauten ihre Ideen zu formulieren. Deshalb beklagte sich der Unternehmer öffentlich, dass er bezüglich Mitarbeitern nur von Jasagern umgeben sei. Der Donner ist wie ein noch nicht gefestigtes Pflänzchen, das am Anfang geschützt werden muss, damit es sich entfalten kann. Stellt man es zu früh nach draußen, kommt der Nachtfrost und zerstört das bisher Geschaffene.

Praxisbeispiel:

Eine über mehrere Jahre erfolgreiche Managerin in der IT-Branche kam zu mir, da sie sich seit einiger Zeit antriebsschwach und müde fühlte. Ihr Wunsch war, dass sie ganz schnell (ganz schnell = Donner) wieder so leistungsfähig werde wie früher. Nach der Betrachtung ihrer beruflichen Situation mithilfe des I-Gings wurde sie ungeduldig: Meine Erklärung, dass es wichtiger sei, den „Akku" erst einmal ganz aufzuladen, bevor sie wieder größere Projekte anpackt, nahm sie ohne sichtliche Reaktion zur Kenntnis, und ich war mir nicht sicher, ob meine Beratung etwas erreicht hatte. Dennoch: Nach der Beratungsstunde wirkte sie etwas erholter. Einen Tag später rief sie an und teilte mir mit, dass sie durch meine Arbeit wieder ganz viel Power hätte und mich nicht mehr bräuchte. Es gingen zwei Wochen ins Land, dann meldete sie sich telefonisch mit erschöpfter Stimme (der Donner war wieder ausgepowert) zu einem weiteren Beratungsgespräch an. Im Gespräch teilte sie mit, dass sie sich sofort wieder in die Arbeit gestürzt hätte und nach einigen Tagen wieder am Rande der Erschöpfung angelangt war. Jetzt wollte sie vernünftiger und geduldiger sein. Wir vereinbarten gleich mehrere Termine. Am Ende dieser Sitzung fragte sie mich, was sie noch alles tun könne, damit es schneller gehe und sie zügiger wieder fit werde. Meine Antwort lautete: „Da hätte ich einen Vorschlag, der Ihnen (dem Donner) aber nicht gefallen wird. Das Beste ist, wenn Sie sich erholen und eine Woche lang wenig tun. Beruflich erledigen Sie nur das wirkliche Nötige, damit sich Körper und Psyche einmal erholen." Sie schaute mich ziemlich entgeistert an und antwortete: „Ich glaube, eine schwerere Aufgabe kann man mir kaum geben." Dennoch: Sie versuchte, meinen Rat in die Tat umzusetzen und bemühte sich sehr. Da ihr Beruf ihr gesamter Lebensinhalt war, fiel es ihr sehr schwer.

Die Beratung war sehr mühevoll und ging sehr langsam voran. Die Ursache, ständig neuen Impulsen zu folgen und beruflich ihre Frau zu stehen, ohne eine tragfähige Partnerschaft eingehen zu können, offenbarte sich, als wir während einer Sitzung auf ihre Kindheit zu sprechen kamen. Ein langjähriger sexueller Missbrauch in der Kindheit war die Ursache ihrer Verhaltensmuster. Da war es verständlich, sich „mit Arbeit" abzulenken, weil die Scham groß war und sie (wie viele sexuell missbrauchte Menschen) nach der eigenen Schuld suchte. Mit den Bildern aus dem I Ging, die auch den sexuellen Missbrauch beinhalten, gelang es ihr, den unterdrückten Zorn gegen den Täter auszuleben und in kleinen Schritten diesem gewaltigen Eingriff die Macht zu nehmen und sich zu befreien.

4.7. Das Haftende des Feuers

Das Feuer

☲

Li

Wahrnehmung / Wärme

haftend / abhängig

Das Trigramm Feuer symbolisiert Schönheit, Liebe und Leidenschaft. Dieses wird durch die Farbe Rot symbolisiert. Das zugeordnete Sinnesorgan ist das Auge. Beim Feuer wird vom Haftenden gesprochen, da es etwas braucht, damit es existieren kann. Merken kann man sich dieses Trigramm besonders über das Auge. Das Auge muss wie das Feuer „an etwas haften", wenn uns das Feuer in den Augen fehlt, dann sind wir ausgebrannt.

Das Zeichen ist der mittleren Tochter zugeordnet, wie man auch wunderbar an dem mittleren Yinstrich erkennen kann. Der weibliche Strich (Yin) steht genau in der Mitte, wie das mittlere Kind. In der Familientherapie werden diese Kinder vorzugsweise Sandwich-Kinder genannt, was man ja auch gut an dem Strichcode erkennt. Sie liegen dazwischen - genauso wie dem fließenden männlichen Wasser (siehe hierzu nachfolgendes Kapitel 4.8) fehlt ihnen die eindeutige Richtung, mal werden sie dem jüngeren Kind und mal dem älteren Kind zugeordnet. Das Feuer steht für Intelligenz. Es soll Licht in dunkle Angelegenheiten bringen. Wenn wir für etwas „brennen" oder Leidenschaft (schafft Leiden) entwickeln, sind wir beim Trigramm Feuer angelangt. Die spitze Zunge, die verletzen will, gehört hier genauso hin wie die Begeisterung, sich für eine Idee mit aller Kraft einzusetzen. Woran oft nicht gedacht wird, ist, dass das Feuer abhängig ist vom Brennmaterial. Deshalb sprechen wir beim Feuer auch vom „Haftenden". Wenn wir etwas nicht loslassen können, sind wir haften geblieben. Wenn wir uns jahrelang noch ärgern über eine verbale Verletzung durch einen geliebten Menschen, dann sind wir in der großen Gefahr, uns auszuzehren. Burnout gehört selbstverständlich zum Trigramm Feuer, nur die Interpretation vieler Menschen ist falsch: „Dem fehlt Feuer!" In Wirklichkeit fehlt diesem Menschen Holz, z.B. in Form von Motivation, Sinngebung oder Erkenntnis.

Persönlichkeit:

Reine Feuermenschen sind sehr unruhig, sie sind ständig auf „Nahrungssuche". Sie sind ungern alleine, da sie immer andere benötigen, um zu leben. Sind diese Menschen mal ohne andere Personen, versuchen sie diesen Zustand schnell zu ändern und setzen Fernsehen, Internet oder Telefon als Hilfsmittel ein.

Praxisbeispiel:

Eine erfolgreiche Managerin und Buchautorin kam zu mir in die Beratung, weil ihr seit Monaten die Kraft fehlte, an ihrem neuen Buchprojekt zu arbeiten. Für ihren Motivationsmangel und ihre Antriebslosigkeit hatte sie keine Erklärung. Eine gründliche medizinische Untersuchung führte lediglich zur Rückmeldung, dass sie im Sinne der klassischen Schulmedizin völlig gesund sei. Der untersuchende Arzt hatte ihr unterstellt, dass sie sich alles nur einbildete - eine leider nicht untypische Verhaltensweise bei einigen Ärzten, wenn sie nicht mehr weiterwissen. Sie weisen einfach dem Patienten die Schuld zu. Die Aussage ihres Arztes hatte sie sehr getroffen und beim Erzählen dieser Situation fing sie heftig an zu weinen. In diesem Tränenmeer kam ein Nebensatz, der mich aufhorchen ließ. „Ich verstehe das alles nicht, ich habe mich extra für ein Jahr von meiner Tätigkeit für das neue Buch beurlauben lassen, und jetzt schaffe ich weniger als vorher."

Meine Frage, ob sie ihre Arbeit gerne gemacht habe, ließ sofort die Tränen versiegen und ein Leuchten kam über ihre Augen. Dann sagte sie: „Ja, sehr gerne, das war auch der Grund für das Buchprojekt, ich wollte über ungewöhnliche Vorgehensweisen und Erfolge schreiben." Die intensive Arbeit, die ihr Beruf als Managerin mit sich bringe, und gleichzeitig ein aufwendiges Buch zu schreiben, werde ihr zeitlich zu viel werden. Meine Frage, ob es nicht sinnvoll und machbar wäre, teilweise zu arbeiten und die restliche Zeit mit dem Schreiben zu verbringen, ließ ein Lächeln (unbewusster bejahender Impuls)

und danach sofort das kritische Denken einsetzen: „Ja, das wäre toll, das geht nur nicht, habe jetzt schon zu wenig Kraft, um alles zu schaffen."
Meine Antwort: „Bei allem Respekt, da irren Sie sich. Ihnen fehlt nur der Brennstoff, und das ist bei Ihnen die Arbeit. Durch die Beurlaubung haben Sie keinen Brennstoff mehr, wenn Sie teilweise arbeiten, können Sie Ihre Lebensfreude und die Motivation für das Buch wieder entzünden." Sie schaute mich im ersten Augenblick erstaunt an und fing dann laut an zu lachen und sagte: „Sie haben recht, obwohl die Lösung mir eigentlich zu einfach ist." Meine Frage: „Was spricht dagegen, es auszuprobieren?" Ihre Antwort: „Nichts, im Gegenteil, mein Arbeitgeber wird sich freuen." Beim nächsten Termin kam sie mit einem freudestrahlenden Gesicht zum Gespräch. „Jetzt arbeite ich zwei Tage in der Woche, und an den anderen Tagen komme ich gut mit dem Buch voran."

Anmerkung:
Selbstverständlich lösen sich nicht alle Probleme so schnell. Wenn ein Problem erst kurze Zeit vorhanden ist, ist eine Lösung meist schneller möglich, als wenn schon Jahre der Qual ins Land gegangen sind. Es verhält sich wie ein Unkraut im Garten. Wenn es rechtzeitig entfernt wird, dann überwuchert und unterdrückt es die Nutzpflanzen nicht. Wird zu lange gewartet, bilden sich tiefe Wurzeln und Samen wird verteilt. Es ist deshalb besser, die Probleme zu lösen, wenn sie klein sind.

4.8. Das Lebensprinzip des Wassers

Das Wasser

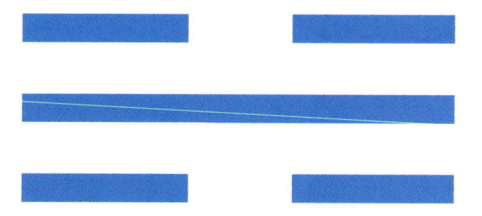

Kan

Tiefe / Abgrund

Schmerz / Mühe

Das Wasser besteht aus einem unteren und einen oberen Yinstrich und einem Yangstrich in der Mitte. Dieses Zeichen steht für den mittleren Sohn (Yangstrich), der sich zwischen jüngeren und älteren Geschwistern hin- und hergerissen fühlt. Dieses fließende dunkle Wasser ist ständig in Bewegung. Die Farben Dunkelblau und Schwarz symbolisieren das Abgründige und dunkle Prinzip diese Zeichens. Es wird dem Ohr und dem Fühlen zugeordnet. Im I Ging heißt es: „Sei wie fließendes Wasser, es findet immer seinen Weg." Es geht nicht gewaltsam über die Widerstände, sondern sammelt sich und fließt darüber hinweg. Jede Flutkatastrophe zeigt uns die Macht des Wassers, die modernste Technik kann ihr auf Dauer nicht standhalten. Das Wasser findet den Weg durch die kleinsten Risse, wer dieses Lebensprinzip beherrscht, findet in noch so schwierigen Umständen eine Lösung. Die Fähigkeit, wie das Wasser zu denken und zu handeln, haben viele Menschen verlernt. Nicht ohne Grund ist das Wasser kreativen Menschen zugeordnet, und gerade diese Kreativität geht uns heute im politischen, schulischen und unternehmerischen Bereichen oft verloren.

Persönlichkeit:

Wassermenschen sind besonders in kreativen Bereichen zu finden. Sie stellen Dinge in Frage und suchen nach ungewöhnlichen Lösungen. Wenn sie eine Idee mitreißt, dann spielen Zeit und andere Verpflichtungen nur noch eine untergeordnete Rolle. Dann lässt sich die Kreativität des Wassers nicht mehr aufhalten, bis es sein Ziel erreicht hat. Einen reinen Wassermenschen mit Routineaufgaben zu betrauen, ist eine absolute Unterforderung, besser ist eine Aufgabe, die unlösbar erscheint. Das ist die Hürde, die er braucht, um daran zu wachsen, und wundern Sie sich nicht, wenn er sich in der Folge das Ziel höhersteckt als vorgegeben. Damit will er nicht imponieren, so etwas ist ihm fremd. Ihn reizen die schwierigen Aufgaben, und wenn es ihm zu leicht ist, dann legt er selbst die Hürde höher. Doch es gibt auch Schattenseiten in diesem Zeichen. Oft ist eine verdeckte oder offene Traurigkeit, die von vielem Weinen begleitet ist, vorhanden. Seine Kreativität bezahlt er mit dem Preis, sich nie ganz sicher zu sein bei allem, was er tut und vorschlägt. Denn sich sicher zu sein ist der Virus, der die Kreativität und den hohen Anspruch zerstört.

Praxisbeispiel
Wenn kreative Menschen mich um Beratung bitten, dauert die Beratung üblicherweise länger. Es ufert aus und ich bin gefordert, unterstützend und lenkend zu wirken, ohne die Kreativität zu blockieren. Mit diesen Menschen macht es sehr viel Freude, das I Ging anzuwenden, da sie es sehr schnell umsetzen und auch für sich selbst neue Anwendungsbeispiele finden. Die Beratung einer Designerin passt ganz gut zu diesem männlichen Wasser. Ihre Unsicherheit formulierte sie im Erstgespräch so:

„Die Firma hält mich für gut, nur merkt sie nicht, dass ich nur Mittelmaß bin."

Meine Frage, woran sie festmache, dass sie nicht so gut sei, beantwortete sie mit: „Ich bekomme es nie so genau hin, wie ich es mir in meiner Phantasie vorstelle."
Sie war in die Beratung gekommen, um endlich selbstsicherer zu werden. Ich zeigte ihr mithilfe des I Gings, dass die Unsicherheit eine wichtige Triebfeder für ihre Kreativität sei und sie diese Unsicherheit nie ganz verlieren werde. Es sei denn, sie gebe ihre Kreativität auf. Diesen Preis wollte sie logischerweise nicht zahlen.
Diese Erklärung konnte sie gut annehmen, hierdurch haben wir eine sinnvolle Arbeitsgrundlage.

4.9. Die acht Trigramme als Kreislauf des Lebens

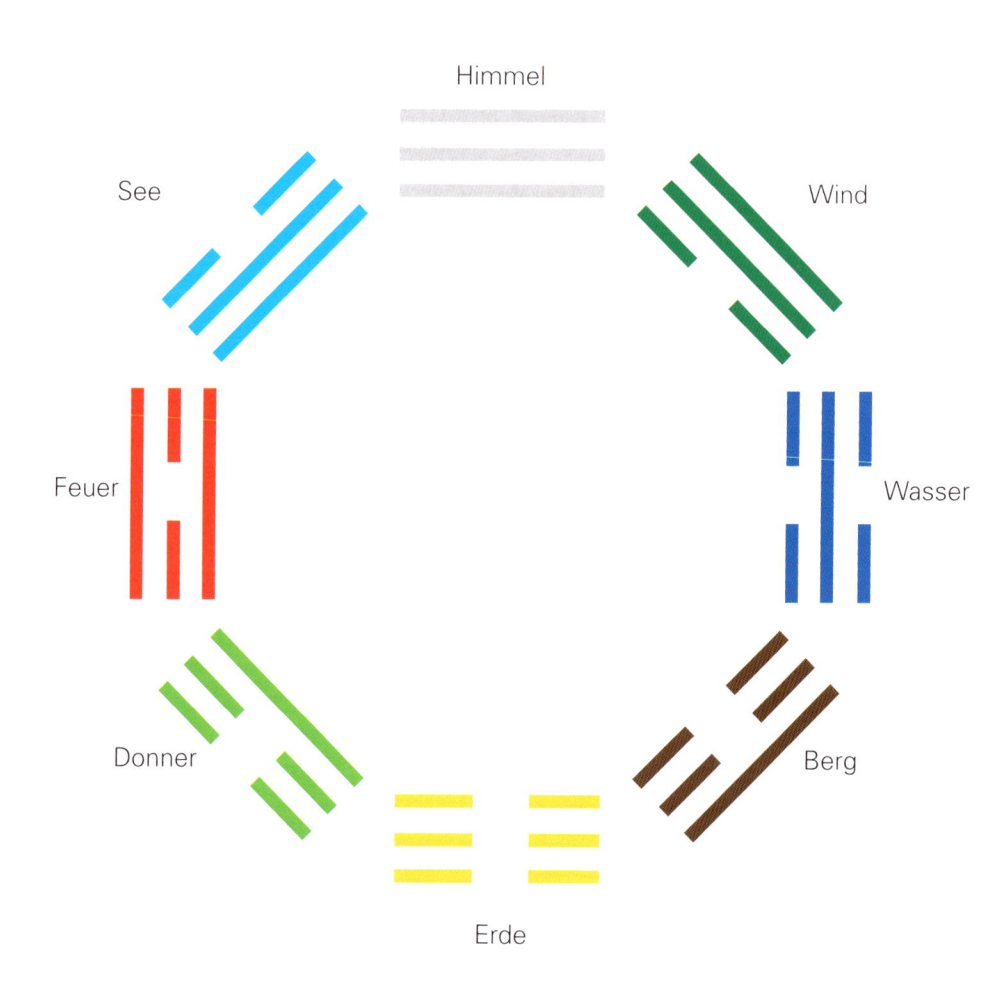

Himmel

See

Wind

Feuer

Wasser

Donner

Berg

Erde

In den weiter oben beschriebenen Trigrammen steckt noch wesentlich mehr als bisher beschrieben. Dieses sprengt natürlich den Rahmen dieses Einführungsbuches. Eine wesentliche Erkenntnis möchte ich aber noch an dieser Stelle aufzeigen.

In der nachfolgenden Grafik habe ich hierzu alle besprochenen Trigramme in einem Kreislauf untergebracht. Diese Anordnung wird im I Ging „Der frühe Himmel" genannt. Wir können an dieser Struktur alle Lebensprozesse erklären.

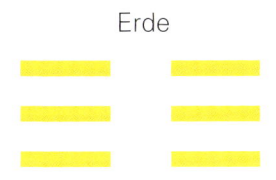

Erde

Wir beginnen mit dem Trigramm „Erde". Dieses Trigramm steht für die Nacht, alles ist dunkel und es fehlt Energie. Ausruhen und Kräfte sammeln ist angesagt, bevor wir uns in Bewegung bringen.

Die Erde steht auch für den Mutterleib, der Fötus lebt noch in seiner perfekten Welt. Es ist keine Anstrengung notwendig, die Versorgung ist noch paradiesisch.

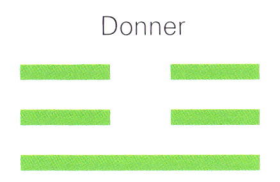

Donner

Wir gehen jetzt im Uhrzeigersinn weiter und kommen zum Donner. Der Beginn des Tages wird angedeutet durch den ersten unteren Yangstrich und das zarte Grün. Es ist noch nicht richtig hell, aber wir können schemenhaft die Umrisse des neuen Tages erkennen.

Der Fötus wird mit einer großen letzten Wehe (Donner) aus seinem perfekten Dasein heraus in die neue, unbekannte Welt gebracht. Er erkennt am Anfang die „neue" Welt nur schemenhaft und muss viele neue Eindrücke aufnehmen, welche er noch nicht einordnen kann.

Feuer

Das Feuer symbolisiert die Sonne, welche immer weiter aufsteigt und den Tag erhellt. Es wird wärmer, die Kühle und Dunkelheit der Nacht wurde endgültig vertrieben.

Das Feuer steht für Intelligenz, Rastlosigkeit, Nicht-warten-können und die Suche nach neuen Erfahrungen. Genauso sind Kinder, sie erkunden ihren Lebensraum, wollen alles wissen, nehmen alles mit großem Interesse auf. Sie sind wie das Feuer, immer rastlos auf der Suche nach neuen Erfahrungen.

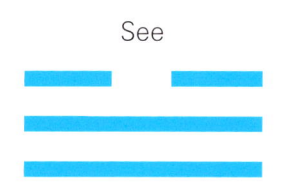

See

Das Hellblau des Sees symbolisiert Lebensfreude und einen großen Optimismus. Die immer weiter aufsteigende Yangenergie lässt keinen Pessimismus zu.

Der See steht für den jungen Erwachsenen. Das Leben wird tendenziell von der leichten Seite genommen, die Probleme der Alten werden oft nicht verstanden. Ausbildung / Studium bringen vielfältige Kontakte. Leben mit Freude und Unbeschwertheit steht im Vordergrund.

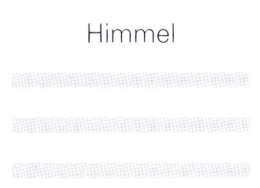

Himmel

Der Himmel steht für die Mittagssonne. Der hellste und wärmste Punkt des Tages ist erreicht. Jetzt geht es bald wieder bergab.
Der Himmel steht auch für die Mitte des Lebens. Wir sind auf dem höchsten Punkt unserer Energie. Beruflich wie privat haben wir die größe Macht in unserem Leben. Ab jetzt geht die Yangenergie runter. Wenn wir die klassische westliche Einstellung haben, dass nur volle Yangkraft gut ist, dann ist das baldige Abnehmen der Yangkraft von großer Traurigkeit begleitet. Wenn wir die Möglichkeiten der aufsteigenden Yinenergie erkennen, können wir die neue Lebenshälfte als große Chance begreifen.

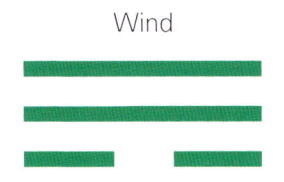

Wind

Das Trigramm Wind symbolisiert sehr gut den Beginn der zweiten Lebenshälfte. Von unten kommt nach dem bisher aufsteigenden Yang wieder das Yin mehr zur Geltung. Unsere vordringende Kraft, das Yang, nimmt ab und macht Platz für das weiche, empfangende Yin. Jetzt leben wir mehr von den Erfahrungen und Taten der ersten Lebenshälfte, wir bringen unsere Ernte ein und können unsere Erkenntnisse anderen vermitteln.

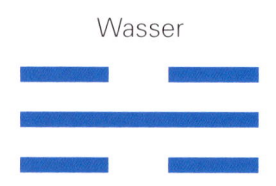

Wasser

▃▃ ▃▃
▃▃▃▃▃
▃▃ ▃▃

Das fließende Wasser enthält nur noch einen Yangstrich. Das Yin wird immer mächtiger, die Willenskraft nimmt ab. Wir können dies oft an älteren Menschen erleben, die sich im zunehmenden Alter mehr auf die Meinung ihrer Kinder oder anderer Mitmenschen verlassen. Der Körper fällt mehr in sich zusammen, was auch auf die zunehmende Kraft des Yin hindeutet.

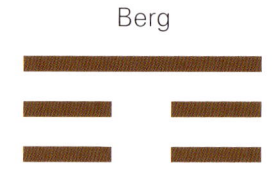

Berg

▃▃▃▃▃
▃▃ ▃▃
▃▃ ▃▃

Der Berg steht für die Anhäufung von Materie und für Unabhängigkeit, analog einem alten Menschen mit einer guten Altersabsicherung und klaren Grundsätzen. Im disharmonischen Zustand kommt hier der Altersstarrsinn zum Tragen, wie ihn sicherlich schon jeder erlebt hat! Das Yin wird immer mächtiger und bringt bald den letzten Yangstrich zu Fall, wir kehren wieder in den Schoß der Muttererde zurück.

Der Kreislauf des Lebens ist anscheinend beendet!?

5. Entstehung der 64 Bilder (Hexagramme) aus den acht Trigrammen

Die Trigramme sind die Bausteine für die 64 Bilder (Hexagramme) im I Ging. Die 64 Bilder entstehen aus der Zusammensetzung von jeweils zwei der besprochenen acht Trigramme.

Diese Hexagramme erklären alle wichtigen Lebensprinzipien und zeigen uns gleichzeitig, wie wir anstehende Probleme sinnvoll und erfolgreich lösen können. Wobei es jetzt auch wesentlich vielschichtiger wird, da jeder Baustein den anderen beeinflusst und im Hintergrund noch „Bausteine" existieren, die im Verborgenen wirken.

Hierzu ein paar Statistiken, welche die Vielfalt im I Ging durch Zahlen und Fakten belegen:

Es gibt, wenn die sechs unterschiedlichen Ebene eines Hexagrammes berücksichtigt werden:

- 182 verschiedene Yinstriche
- 182 verschiedene Yangstriche
- 1152 verschiedene Trigrammanordnungen

Auf jede Linie wirken 23 mir bekannte Faktoren ein. Vielleicht gibt es noch mehr!

Den Himmel, die Erde und selbstverständlich alle anderen Trigramme gibt es also in verschiedenen Ausprägungen je nach Stellung und Lage der Bausteine. Diese Auswirkungen sind zu vergleichen mit chemischen Prozessen, in denen ja bereits die Veränderung eines kleinen Bausteines alle anderen in ihrer Wirkung beeinflusst. Denken Sie nur an die unterschiedliche Wirkung von Kohlenmonoxyd (Gift) und Kohlendioxyd (ohne das wir nicht leben können). Eine kleine Veränderung macht aus einem lebensnotwendigen Element einen todbringenden Stoff oder umgekehrt. Im I Ging ist es genauso. Wenn wir diese Grundsätzlichkeit erkannt haben, können wir mithilfe des I Gings unsere Situationen analysieren und die notwendigen Schlüsse ziehen. Diese unterschiedliche Wirkung der Trigramme innerhalb eines Hexagrammes sind im I Ging schon in der Überschrift zusammengefasst. Keine Überschrift der Hexagramme ist zufällig entstanden, sondern beschreibt in Kurzfassung die Wirkung der beiden offensichtlichen Trigramme aufeinander. Dies kann man z.B. an dem Zusammenspiel der Trigramme Wind = altes Holz und Donner = junges Holz gut erklären:

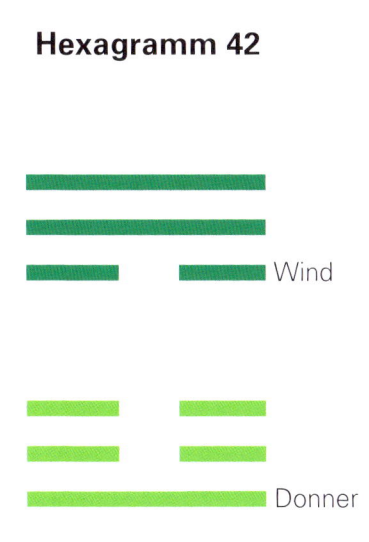

Hexagramm 42

Wind

Donner

Wir sehen jetzt ein Hexagramm, in dem sich unten der besprochene junge Donner befindet, der für einen Menschen steht, der noch viel im Leben zu lernen hat. Das kann z. B ein Arbeitnehmer sein, der seine erste Position nach der Ausbildung einnimmt. Ihm fehlt noch die Erfahrung, seine Kenntnisse sinnvoll in die Praxis umzusetzen. Oben steht das alte Holz, der Wind, der schon sehr viele berufliche Erfahrungen gemacht hat. Er leitet und fördert das junge Holz und wird gleichzeitig von ihm bereichert durch neue Ideen und die optimistische Energie, die Berufsanfänger oft haben. Wenn beide die Position des anderen akzeptieren, werden beide gemehrt. Der Donner muss sich nur in seiner Position damit abfinden, dass der Wind / der Chef ist und meistens die Lorbeeren bekommt. Er steht oben im Vordergrund. Der Wind wird gesehen und der Donner arbeitet als Zubringer im Hintergrund. Ist er mit dieser niedrigen, aber wichtigen Rangstellung einige Zeit zufrieden und macht seine Arbeit gründlich, dann kann er irgendwann mithilfe des alten Windes (seines Chefs) innerhalb des Unternehmens aufsteigen.

Dieses Hexagramm heißt „Die Mehrung" und ist das Bild 42 (alle 64 Bilder im I Ging sind eindeutig gekennzeichnet durch eine Nummerierung von 1 - 64). Wenn wir dieses Grundprinzip verstanden haben und leben, können wir mit Geduld unseren beruflichen Erfolg aufbauen. Das I Ging gibt für den beruflichen wie privaten Bereich klare Grundlagen zur Zielerreichung.
Nun geht es weiter! Wir können ja die beiden Trigramme auch anders stellen, den Donner nach oben und den Wind, das alte Holz, nach unten.

Hexagramm 32

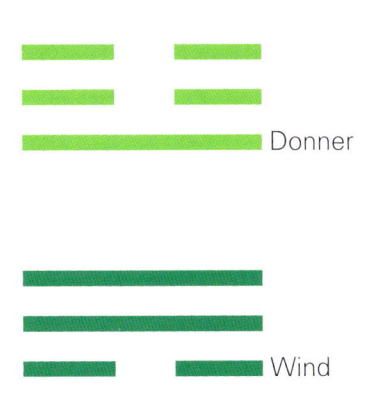

Donner

Wind

Auf unser obiges Beispiel übertragen bedeutet es, dass der Chef durch sein Alter nicht mehr im Vordergrund steht, er hat z.B. sein Unternehmen / seine Position an seinen Zögling abgegeben, der junge Donner steht jetzt oben in einer neuen Position, in der ihm wieder Erfahrung fehlt; aber jetzt ist er im Vordergrund und kassiert die Lorbeeren. Der ehemalige Chef (Wind) unterstützt im verborgenen den Donner mit seinen Kenntnissen, ohne selbst im Rampenlicht zu stehen. Dieses Hexagramm beschreibt die optimale Vorgehensweise, wie wir unsere Fähigkeiten erlernen und weitergeben können. Wir sind erst junges unerfahrenes Holz, lernen von einem erfahrenen Menschen, kommen selbst in diese Machtposition, holen uns einen Zögling, nutzen seinen Donner für unsere Position, geben unser Wissen weiter, dann später unsere Machtposition ab und agieren als Ältestenrat im Hintergrund. Dies bedeutet Wandlung und ist ein natürlicher Lebensprozess.

In der beruflichen Wirklichkeit sieht es oft anders aus. In meiner Arbeit mit Unternehmen habe ich öfter erlebt, dass diese Wandlung besonders dem bisherigen Unternehmer schwerfällt. Er will immer noch seinem Zögling ins

Handwerk pfuschen und an vorderer Front bevorzugt stehen. Er hat die Zeichen der Zeit nicht erkannt. Wenn er akzeptieren würde, dass er mit Demut und Erfahrung seinen bisherigen Zögling aus dem Hintergrund unterstützen kann, dann würden beide davon profitieren. Dieses Zeichen heißt „32. Die Dauer/Die zyklische Wandlung" und bedeutet, dass wir uns den gegebenen Zeitverhältnissen anpassen müssen. Wir sind also wieder bei dem Satz: Alles, was „stark wird, wird schwach" und alles, was „schwach wird, wird stark".

6. Das Hexagramm mit dem Feuer unter der Erde

Alle Bilder im I Ging sind entstanden durch die genaue Beobachtung der Natur. Bei manchen ist dieses sehr offensichtlich, bei anderen Bildern benötigt man tiefergehenderes Wissen über das I Ging. Wer die Tiefe des I Ging erforschen will, sollte lernen zu betrachten. Das hört sich erstmal einfach an. Es bedeutet, die Dinge so zu sehen, wie sie ohne unsere Vorurteile sind. Eben nur BETRACHTEN. Auch für mich ist das immer wieder eine Herausforderung!

Deshalb bitte ich Sie darum, bei einem kleinen Experiment mitzumachen. Wenn Sie die daraus entstehende Erkenntnis gewinnen wollen, bleiben Sie auf dieser Seite und blättern erst nach Aufgabenende um.

Sie sehen unten ein Hexagramm, das untere Element ist Feuer, das obige Erde. Jetzt bitte ich Sie, darüber nachzudenken, wo so etwas in der Natur vorkommt. Was hat es für Auswirkungen, wenn unten Feuer und darüber Erde ist?

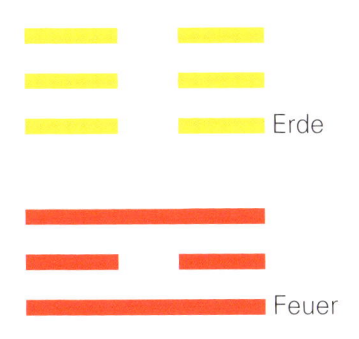

Wenn Sie für sich ein oder mehrere Beispiele aus der Natur gefunden haben, bitte ich Sie jetzt, dem Hexagramm einen Namen zu geben.

Vielleicht haben Sie Vulkan gesagt oder daran gedacht, wie man das Feuer in der Natur mit Erde zudeckt, um es zu löschen. Dann sind Sie auf dem richtigen Weg. Das Zeichen wird „36. Die Verfinsterung des Lichts" genannt und steht für „das Licht unter den Scheffel stellen" und medizinisch/psychologisch unter anderem für Depressionen.

36. Die Verfinsterung des Lichts

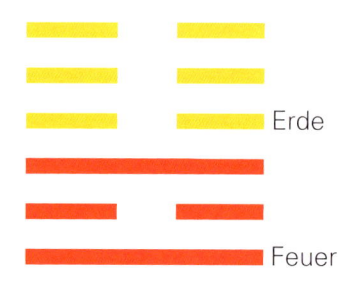

Erde

Feuer

Was muss bei einer Depressionen getan werden?

Es geht darum, das dunkle, Angst machende Element Erde zu entfernen, damit das Feuer wieder Luft bekommt und brennen kann. Die übliche Interpretation, die Mutter ist schuld, weil das obige Element Erde ist, kann aus meiner Erfahrung nicht korrekt sein, da es um Selbstverantwortung und nicht um Schuldzuweisung geht. Beim I Ging geht es immer um die Eigenverantwortung. Die Erde steht in dieser Konstellation für Verwahrlosung und Unterdrückung, in anderen Hexagrammen hat dieses Trigramm z. B. eine sehr förderliche Wirkung. Kommen wir aber zur Ausgangsfrage zurück. Es geht letztlich darum, dass unser inneres Feuer wieder Sauerstoff bekommt, um zu brennen. Wie wir dies bewerkstelligen können, zeigt uns das sogenannte innere Hexagramm auf.

Das innere Hexagramm zeigt bei diesem Zeichen an, was wir tun können. In anderen Zeichen kann die Bedeutung auch unterschiedlich sein, z.B. eine Mahnung beinhalten oder die bestehende Aussage verstärken.

Dieses innere Hexagramm wird wie folgt gebildet:

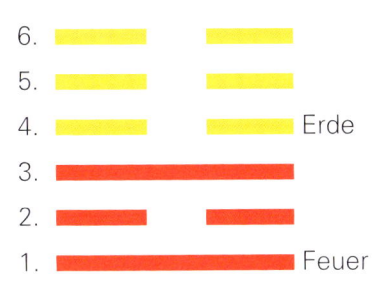

```
6. ▬▬▬   ▬▬▬
5. ▬▬▬   ▬▬▬
4. ▬▬▬   ▬▬▬   Erde
3. ▬▬▬▬▬▬▬▬
2. ▬▬▬   ▬▬▬
1. ▬▬▬▬▬▬▬▬   Feuer
```

Der Name „inneres Hexagramm" deutet schon grob auf die Vorgehensweise hin. Wir beachten die jeweils beiden äußeren (oben und unten) Striche nicht. Das untere Trigramm wird gebildet aus den Linien 2, 3 und 4, also Yinstrich, Yangstrich, Yinstrich. Hierdurch entsteht das Trigramm Wasser. Das obige Trigramm wird gebildet aus den Linien 3, 4 und 5, also Yangstrich, Yinstrich, Yinstrich. Hierdurch entsteht das Trigramm Donner. Setzen wir die beiden Zeichen zusammen, kommt folgendes Hexagramm heraus:

40. HIE / Die Befreiung

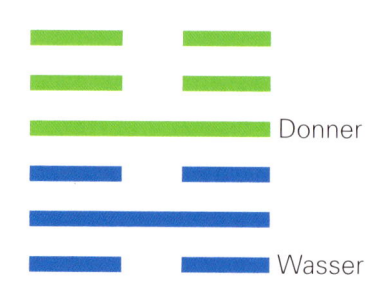

Donner

Wasser

So entsteht das Hexagramm 40. Die Befreiung. Es zeigt, dass wir uns von alten Fesseln befreien müssen, damit unser Leben (wieder) lebenswert wird. Darum geht es letztlich bei einem Menschen, der nicht mehr vor Freude brennen kann. Jetzt wollen wir betrachten, warum das Zeichen Befreiung heißt und welche Informationen darin enthalten sind.

Das untere Trigramm ist fließendes Wasser, wichtig ist also, dass etwas wieder in Bewegung kommt. Das Wasser hat eine reinigende Wirkung. Es spült alle Verletzungen weg. Wenn Sie an die Trigrammbeschreibung vom Wasser denken, dann werden Sie sich erinnern, dass dieses Zeichen auch der Seele zugeordnet ist. Es geht um die Behebung der seelischen Verletzungen. Wenn wir dies machen, müssen wir ab und zu energisch vorgehen. Diese Energie ist durch das obere Zeichen Donner dargestellt. Das I Ging spricht davon, dass es manchmal besser ist, seine Dinge im Zorn zu lösen, als alles beim Alten zu belassen. Damit meint das I Ging nicht Menschen, die immer wieder zornig auf ihre Mitmenschen reagieren, sondern Menschen, die ihren Zorn als Kraft benutzen, um sich aus schwierigen Umständen endgültig zu befreien. Es muss sich trennen, was nicht zusammengehört, oder anders ausgedrückt:

„Ich weiß nicht, ob es besser wird, wenn es anders wird. Nur muss es anders werden, damit es besser wird!"

„36. Die Verfinsterung des Lichts" und „40. Die Befreiung" sind Bilder, die man relativ leicht in ihrer Grundsätzlichkeit erklären kann. Andere Bilder im I Ging benötigen mehr Hintergrundwissen.

7. Die Gesetze beruflicher und privater Partnerschaft

Liebe und der richtige Umgang in beruflichen und privaten Partnerschaften sind neben der Kindererziehung, der Einwirkung auf Mitmenschen und der Befreiung von psychischen Belastungen herausragende Themen des I Gings. Obgleich das I Ging über 3.000 Jahre alt ist, sind diese Regeln nicht veraltet, sondern praktische und zeitlose Helfer, die Bestand haben. Diese Regeln richten sich nicht nach der aktuellen Gesellschaftsideologie, sondern nach den Gesetzen der Natur. Sie sind gleich geblieben, heute, wie vor Tausenden von Jahren.

Am Anfang, als ich mich mit diesen Gesetzen beschäftigte, hatte ich meine bisherigen beruflichen und privaten Partnerschaften aufgrund dieser Basis untersucht. Es machte sich sehr großes Erstaunen in mir breit. Ich konnte genau erkennen, wieso einige dieser Partnerschaften bei mir reibungslos verliefen, und andere immer wieder mit großen Schwierigkeiten behaftet waren. Schmerzlich war für mich zu erkennen, wo meine Fehler lagen, und wie ich für andere und mich einiges an Problemen und Verletzungen hätte vermeiden können. Dies war und ist für mich ein großes Geschenk. Es führte zu einer Änderung meines Kommunikationsverhaltens. Die gewonnenen Erkenntnisse sind auch heute für mich immer noch eine sehr wertvolle Hilfe, in den Auseinandersetzungen mit meinen beruflichen und privaten Partnerschaften. Deshalb habe ich diesem Thema ein eigenes Kapitel gewidmet. Verbunden mit der Hoffnung, dass auch Sie durch diese Erkenntnisse leichter und erfolgreicher mit Ihren beruflichen und privaten Partnerschaften umgehen können.

Nun kommen wir konkret zur privaten „Partnerschaft". Ein Thema, das viele Menschen berührt, wenn man die Explosion der Partnerschaftsbörsen im Internet betrachtet oder sich am Bahnhofskiosk die Fülle von Liebesromanen anschaut! Das I Ging beleuchtet dieses Thema von verschiedenen Seiten. Ich habe zwei Hexagramme ausgewählt, welche zwei Seiten von „gelebter Partnerschaft" aufzeigen.

Und hier kommt noch einmal eine Aufgabe: Welches der beiden nachfolgenden Hexagramme beschreibt die ideale Partnerschaft und welches beschreibt eine Partnerschaft in der Krise?

Erde

Himmel

Himmel

Erde

Überlegen Sie, welches Hexagramm passen könnte, und entscheiden Sie sich. Dann blättern Sie bitte um.

Wie Sie erkennen können, habe ich jetzt an den Zeichen Pfeile gemacht. Diese sollen die Energierichtung der Trigramme zeigen. Die Erde ist Materie und will nach unten. Der Himmel ist reine Energie und will nach oben. In den linken Zeichen gehen die Zeichen zusammen. In dem rechten Zeichen entfernen sie sich.

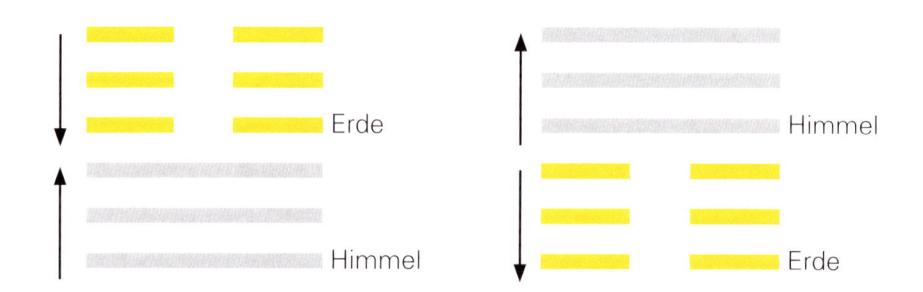

Erde

Himmel

Himmel

Erde

Ich denke, jetzt ist deutlich geworden, dass das linke Zeichen die ideale Partnerschaft zeigt. Hier findet Vereinigung statt. Beim rechten Zeichen haben sich die Menschen nichts mehr zu sagen.

Auf den ersten Blick nehmen viele Menschen das rechte Zeichen, welches scheinbar die Welt in Ordnung zeigt. Der Himmel ist oben und die Erde ist unten.

Im I Ging heißt es:

„Das Starke ordnet sich dem Schwachen unter."

Denn nur wirklich starke Menschen können sich unterordnen, weil sie wissen, dass sie sich damit nicht aufgeben. Der Starke kann je nach Situation Mann oder Frau oder in einer Firmensituation der Chef unter seinen Mitarbeitern sein. Ja, es geht nicht nur um die Partnerschaft von Mann und Frau. Es geht um die grundsätzlichen Beziehungen zwischen Menschen, gleichgültig ob im Berufs- oder Privatleben.

Dieses Zeichen der „idealen" Partnerschaft wird 11. Tai / Der Friede genannt

11. Tai / Der Friede

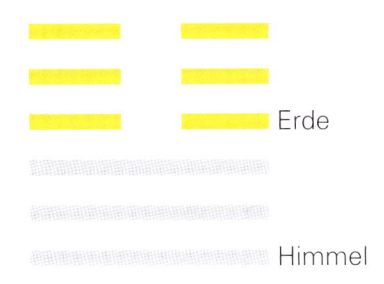

☷ Erde

☰ Himmel

Kommen wir aber zum Partnerschaftsthema zurück und untersuchen genauer, was eine gute Beziehung ausmacht. Zum einen ist wichtig, dass man klare Grundsätze für sich definiert (Was man will und was man nicht will.). Dieses wird durch das untere Hexagramm „Himmel" angedeutet, welches auch durch die untere Stellung für unsere inneren klaren Grundsätze steht. Nach außen sind wir bereit, neuen Menschen / Situationen vorurteilsfrei zu begegnen, was durch die Erde ausgedrückt wird. Dieses sind die idealen Bedingungen für eine gute Partnerschaft. Wenn beide Menschen von diesen Werten getragen sind, dann lassen sich Konflikte leicht lösen, oder wenn die Liebe nicht mehr da ist, können sich diese Menschen so trennen, dass sie den anderen nicht verletzen. Zwei ganz prägende Elemente für eine gut funktionierende Partnerschaft im I Ging sind eine bereichernde Sexualität und der richtige Umgang mit Gefühlen. Diese Dinge hat das I Ging nicht vergessen, sie liegen im Hintergrund, oder anders formuliert, sie sind nicht für die Öffentlichkeit zugänglich. Denn Sexualität und tiefe innere Gefühle sind intime Themen, die nicht für das öffentliche Leben bestimmt sind.

Um dies zu erkennen, schauen wir uns jetzt das innere Hexagramm von Hexagramm 11 .Tai / Der Friede an:

```
6. ▬▬   ▬▬
5. ▬▬   ▬▬
4. ▬▬   ▬▬   Erde
3. ▬▬▬▬▬▬▬
2. ▬▬▬▬▬▬▬
1. ▬▬▬▬▬▬▬   Himmel
```

Wie schon weiter oben erwähnt, beachten wir hier die äußeren Linien (1+6) nicht. Das untere Trigramm bilden wir aus den Linien 2, 3 und 4, konkret Yang, Yang, Yin (= See). Das obige Trigramm aus den Linien 3, 4, und 5, konkret Yang, Yin, Yin (= Donner)

Es entsteht folgendes Zeichen:

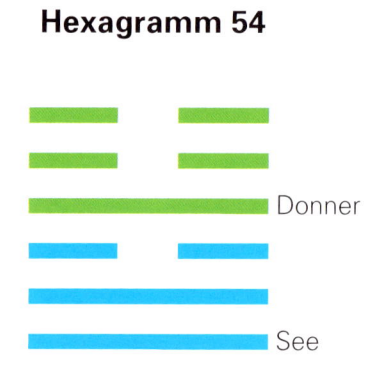

Hexagramm 54

```
▬▬   ▬▬
▬▬   ▬▬
▬▬▬▬▬▬▬   Donner
▬▬   ▬▬
▬▬▬▬▬▬▬
▬▬▬▬▬▬▬   See
```

Es ist das Bild 54, Richard Wilhelm nennt es in seinem Buch „Das Heiratende Mädchen". Hört sich harmlos an und ist mit dieser Bezeichnung eine echte Mogelpackung. Richard Wilhelm sei verziehen. Sicherlich haben die Werte der damaligen Zeit in Kirche und Gesellschaft zu dieser Bezeichnung beigetragen. Beim I Ging müssen wir uns ja nicht auf den Text verlassen, sondern lassen die Trigramme sprechen. Das untere Trigramm See spricht von Heiterkeit und Lust und ist weiblich, das obere männliche Zeichen, der Donner von Impuls und Erregung (Kommt plötzlich und geht wieder! Na, dämmert es?). Die inneren Trigramme bringen auch nicht gerade eine Beruhigung. Die Linien 2, 3 und 4 bilden das Feuer und heizen dem Donner richtig ein. Das obige innere Trigramm ist das fließende Wasser, was man nicht so leicht gebändigt bekommt. Dieses Zeichen soll „Das Heiratende Mädchen" sein?

Was halten Sie von der Bezeichnung:

Triebhafte Neigungen?

Passt aus meiner Sicht viel besser, ist selbstverständlich nicht nur auf die Sexualität bezogen, sondern auf Triebe im Allgemeinen. Das Ausleben der Sexualität ist wichtig für eine gut funktionierende Partnerschaft. Gleichzeitig sind in diesem Zeichen Warnungen enthalten, dass wir nicht grundsätzlich unseren Trieben folgen sollten, da dies z. B bei Emotionen zu seelischen Verletzungen der Mitmenschen führen kann, und wer sich nur von seinen Emotionen leiten lässt, ist abhängig und nicht wirklich frei. Die triebhaften Neigungen können einen Frieden schnell zerstören, wenn Menschen unüberlegt handeln, besonders wenn sie in machtvollen Positionen in der Familie, Unternehmen oder sonst in der Gesellschaft stehen.

Wenn wir in der Beziehung diese negativen triebhaften Neigungen immer stärker leben, entwickelt sich immer mehr das umgekehrte Zeichen vom Frieden:

12. Die Stockung.

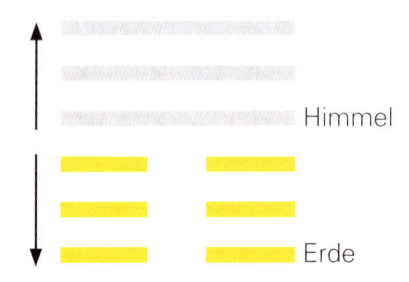

Himmel

Erde

Weiter oben haben wir schon einmal dieses Zeichen kurz angesprochen. Die beiden Trigramme haben keine Beziehung zueinander. Wie in einer Partnerschaft, in der sich die Menschen auseinandergelebt haben. Wir können dieses Zeichen auch mit einer Blume vergleichen. Der untere Bereich ist der Stängel, in dem schon durch die Erde der Verfall und das Abschneiden der Versorgung angedeutet wird. Oben ist die Blüte, die keine Nahrung mehr von unten bekommt. Bezogen auf die Partnerschaft ist im Inneren der Zerfall, nach außen ist oberflächlich betrachtet alles in Ordnung. In meiner Arbeit in den letzten Jahren musste ich erleben, dass sehr viele Partnerschaften so funktionieren. Man geht zur Arbeit, sorgt für die Kinder, funktioniert einfach, der einzige wirkliche emotionale Kontakt zum Partner ist das Streiten, und dann als nächste Stufe das jahrelange Anöden, bis beide so kraftlos und verhärmt sind, dass sie zusammenbleiben, bis der Tod sie scheidet. Die Liebe ist auf der Strecke geblieben. Eine Trennung zum richtigen Zeitpunkt wäre für alle Beteiligten besser gewesen. Kinder leiden besonders unter diesen Streitereien. Tauchen Schul- oder Verhaltensschwierigkeiten auf, wird die Schuld oft dem Kind (ist faul) oder der Schule gegeben. Die Eltern treiben die Kinder mit ihren Streitigkeiten in emotionale Abgründe, deshalb treten Schul- und Verhaltensschwierigkeiten auf (Kinder fühlen sich oft schuldig am Streit ihrer Eltern). Den Eltern ist dieses meistens nicht bewusst, da sie nicht mehr „Herr" ihre Sinne sind, überall Schuldige suchen und sich selbst zum Opfer machen. Die Eltern zu beschuldigen bringt nichts, da sie oft nur ihre eigene Kindheit reproduzieren. Mit dem I Ging habe ich gelernt, das es in solch einer Situation manchmal wichtig ist, harte, klare Worte zu benutzen. Manche Eltern wachen dadurch auf und übernehmen wieder Verantwortung. Das I Ging gibt hier Hoffnung und bietet gute Hilfsmöglichkeiten an. An einer Stelle im I Ging heißt es: „Das von Eltern Verdorbene kann korrigiert werden." Fehler machen wir alle. Wenn wir dies erkennen, sollte man zu den Menschen hingehen, sich entschuldigen und „das Verdorbene" korrigieren.

Wenn ich „12. Die Stockung" in diesem Sinne begreife, kann ich durch Erkenntnis eine allmähliche Entwicklung in Gang setzen, entweder die Rettung der Partnerschaft oder eine weitmöglichst sachliche Trennung. Kinder kommen mit klaren Verhältnissen besser zurecht als mit verzornten Eltern.

Die Zeichen im I Ging sind letztlich eine Projektionsfläche, welche uns die Lage zeigen, und gleichzeitig können wir kompetente Handlungsmöglichkeiten ableiten.

8. Die gesunde Grundstruktur von Gesellschaft, Familien und Unternehmen erläutert am Zeichen

37. GIA JEN / Die Sippe

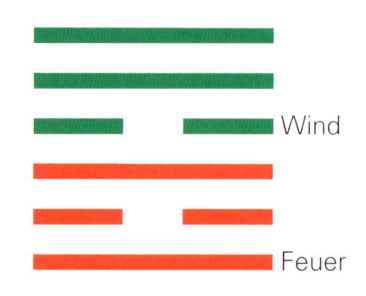

Wind

Feuer

Jedes Hexagramm im I Ging beschreibt etwas grundsätzliches zur Gestaltung unseres Lebens.

Das Zeichen 37. GIA JEN / Die Sippe zeigt den idealen erfolgreichen Aufbau einer Familie, eines Unternehmens oder einer Gesellschaft. Es beschreibt, wie wir uns an Regeln halten sollten, was wir tun sollten zur Reduzierung von emotionalen Konflikten und welche förderlichen Eigenschaften ein Vater bzw. ein Staatsoberhaupt haben sollte. Da in den sechs Linien alles Bedeutsame enthalten ist, verzichte ich darauf, den allgemeinen Kommentar zu betrachten. Gleichzeitig möchte ich Ihnen anhand dieses Zeichens auch erklären, warum das I Ging mit seinen Gleichnissen oft falsch verstanden wird.

Damit Sie dieses nachvollziehen können, nehme ich zuerst immer den Originaltext von Richard Wilhelm und danach finden Sie meine Erläuterung.

Richard Wilhelm Linie 1

„Fester Abschluss innerhalb der Sippe. Reue schwindet.
Die Familie muss eine festbegrenzte Einheit bilden, innerhalb derer jedes Glied seinen Platz kennt. Von Anfang an müssen die Kinder an feste Ordnungen gewöhnt werden, noch ehe ihr Wille auf anderes gerichtet ist. Wenn man zu spät mit der Durchsetzung der Ordnung beginnt, wenn der Wille der Kinder schon verwöhnt ist, so leisten die großgewordenen Launen und Leidenschaften Widerstand, und es gibt Anlass zur Reue. Wenn man mit der Ordnung rechtzeitig beginnt, so kommen wohl auch Anlässe zur Reue vor. Sie sind beim Zusammenleben in größerem Kreis unvermeidbar. Aber die Reue schwindet immer wieder. Es zieht sich alles zurecht. Denn es gibt nichts, das leichter vermeidbar und schwerer durchführbar wäre, als den Kindern den Willen zu brechen."

Mein Kommentar zur Linie 1

Jede Familie und auch jede Organisation braucht wenige, aber klare Regeln, an die sich jeder hält. Wenn diese Regeln nicht existieren bzw. nicht eingehalten werden, dann führt dies zu nicht förderlichen Verhaltensmustern. Diese werden irgendwann so mächtig, dass man sie mit großer Gewalt brechen muss. Den Willen eines Kindes oder Mitarbeiters zu brechen, ist schwer und grausam, und deshalb sollten wir das vermeiden durch die Einhaltung von klaren, verständlichen und wenigen Regeln. Das wiederholte Bestehen auf die Einhaltung der Regeln führt zu kurzfristigen, kleinen Konflikten. Dieser geringfügige Ärger vergeht, und man muss ihn als Nebenwirkung akzeptieren, um dauerhaft schlimmere Konflikte zu vermeiden.

Richard Wilhelm Linie 2

„Sie soll nicht ihrer Laune folgen. Sie soll im Innern für Speise sorgen. Beharrlichkeit bringt Heil."

Die Frau soll sich immer nach dem Willen des Hausherrn richten, sei es des Vaters, des Gatten oder des erwachsenen Sohnes. Ihre Stellung ist inmitten des Hauses. Hier hat sie große und wichtige Pflichten, die sie nicht erst zu suchen braucht. Sie muss für die Nahrung der Angehörigen und die Opferspeisen sorgen. Dadurch wird sie zum Mittelpunkt für das gesellschaftliche und religiöse Leben der Familie. Beharrlichkeit in dieser Stellung bringt dem ganzen Hause Heil.

Mein Kommentar zur Linie 2
Bei dieser Linie geht es darum, sich zuerst an die täglichen Routinearbeiten bei unseren Aufgaben zu halten (auch für Männer) und sie nicht nach Lust und Laune zu erledigen. Die Frau steht für die Yinenergie, die unklar und ohne Grenze ist. Vater, Gatte oder erwachsener Sohn stehen für die Yangenergie, also für die klare Orientierung. Durch das beharrliche Erledigen der täglichen Pflichtarbeiten können wir Frauen und Männer dauerhaft Großes erreichen.

Man kann es auch so zusammenfassen:
„Wenn du etwas erreichen willst, erledige zuerst das Alltägliche, dann das Mögliche und dann wirst du das Unmögliche erreichen."

Richard Wilhelm Linie 3
„Wenn es in der Sippe hitzig zugeht, so entsteht Reue über zu große Strenge. Doch Heil! Wenn Weib und Kind tändeln und lachen, so führt das schließlich zur Beschämung.
In der Familie soll die rechte Mitte zwischen Härte und Lässigkeit herrschen. Zu große Strenge gegen das eigene Fleisch und Blut führt zu Reue. Das beste ist, feste Dämme zu errichten, innerhalb derer den einzelnen volle Bewegungsfreiheit gelassen wird. Doch ist im Zweifelsfalle zu große Strenge trotz

einzelner Missgriffe besser, weil die Zucht der Familie erhalten bleibt, als zu große Schwäche, die zu Schande führt."

Mein Kommentar zur Linie 3

Bei dieser dritten Linie kommt die Hitze durch das Feuer (mittlere Tochter) nach unten und oben. Hinzu kommt, dass diese dritte Linie in der Mitte vom männlichen Wasser steht, was gebändigt werden muss.

Konflikte lassen sich vermeiden, wenn jeder in der Familie / im Unternehmen weiß, in welchem Rahmen er sich bewegen darf. Das führt zur deutlichen Reduzierung von verletzenden Auseinandersetzungen. Dauerhafte, sehr harte Regeln sind nicht gut, doch ist es besser, im Einzelfall zu strenge Regeln zu haben als Unklarheit, und damit der fehlenden Orientierung einen Nährboden für verletzende und endlose Auseinandersetzungen zu schaffen.

Richard Wilhelm Linie 4

„Sie ist der Reichtum des Hauses. Großes Heil!
Die Hausfrau ist es, von der der Wohlstand der Familie abhängt. Wohlstand herrscht immer dann, wenn Ausgaben und Einnahmen zueinander in gesundem Verhältnis stehen. Das führt zu großem Heil. Aufs öffentliche Leben übertragen, ist hier der treue Haushalter gemeint, der das allgemeine Wohl durch seine Maßregeln fördert."

Mein Kommentar zur Linie 4

Bei diesem Kommentar von Richard Wilhelm wird deutlich, welche Macht das I Ging der weiblichen Energie gibt. Ein Schlag für uns Männer, dass der Wohlstand von der Frau abhängt - nein, vom weiblichen Prinzip.
Bei „Sie ist der Reichtum des Hauses." wird deutlich, dass das I Ging nicht von unserem konservativen Weltbild beeinflusst wird. Es geht darum, das rechte Maß zu finden bei den Ein- und Ausgaben. Dann haben wir auch „Wohlstand"

in der Familie, dem Unternehmen oder der Gesellschaft. Diese Regel ist ganz einfach und sehr einleuchtend, doch nur wenige Menschen halten sich daran.

Richard Wilhelm Linie 5

„Ein König naht er seiner Sippe, fürchtet euch nicht. Heil !
Ein König ist das Bild eines väterlichen, innerlich reichen Mannes. Er handelt nicht so, dass man sich vor ihm fürchten muss, sondern die ganze Familie kann Vertrauen haben, weil die Liebe herrscht im Verkehr. Sein Wesen übt ganz von selbst den rechten Einfluss aus."

Mein Kommentar zur Linie 5

Ein Vater, eine Führungskraft oder ein Staatsoberhaupt, vor dem wir keine Angst haben, der aus dem Motiv der Liebe, und ausgestattet mit einem reichen Erfahrungsschatz, handelt. Da können die Dinge nur im rechten Sinne gedeihen.

Richard Wilhelm Linie 6

„Seine Arbeit ist ehrfurchtgebietend. Schließlich kommt Heil.
Die Ordnung der Familie beruht letzten Endes auf der Person des Hausherrn. Wenn er seine Person so ausbildet, dass sie in der Kraft innerer Wahrheit imponierend wirkt, dann geht in der Familie alles gut. Man muss die Verantwortung in leitender Stellung selbst auf sich nehmen."

Mein Kommentar zur Linie 6

Innerhalb einer Familie, eines Unternehmen oder Volkes bedeutet diese Linie ein klares Wertesystem, nach dem sich alle richten und von dem alle profitieren können. Sie stellt auch die Position eines Geschäftsinhabers oder Vorstandes dar.

Diese Linie zeigt auch sehr deutlich, dass es letztlich immer darum geht, unsere Persönlichkeit zu bilden und die Verantwortung für unser Handeln immer selbst zu übernehmen. Wenn wir dieses dauerhaft schaffen, haben wir großen Einfluss.

Zitate entnommen aus: Richard Wilhelm I GING Das Buch der Wandlungen, Diederichs 1993

9. Die Persönlichkeitsstruktur in sechs Stufen von Erfolg & Misserfolg

63. GI DSI / Nach der Vollendung

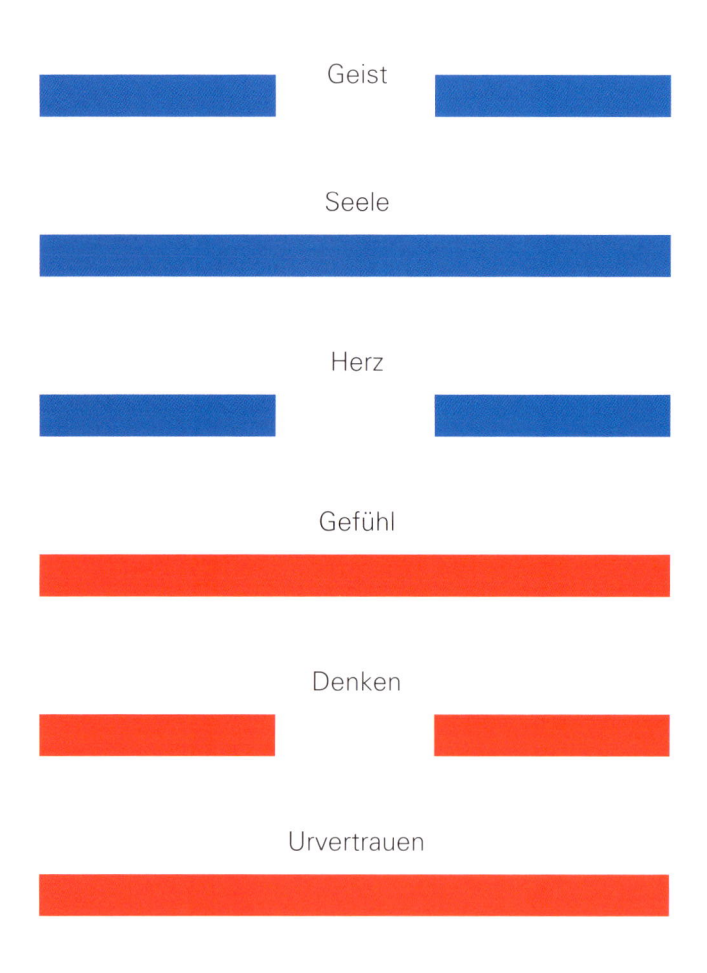

Geist

Seele

Herz

Gefühl

Denken

Urvertrauen

Wir wissen, dass jeder Mensch einen individuellen Fingerabdruck hat. Dieses wichtige Merkmal wird aus meiner Sicht zu wenig beachtet. Es deutet darauf hin, dass kein Mensch gleich ist, jeder hat eine eigene besondere Struktur. Deshalb wurde mir im Laufe meiner I Ging-Forschungen bewusst, dass die zentrale Botschaft heißen muss:

„Der zu werden, der man werden kann."

Hierzu sind im I Ging einige Hilfsmittel vorhanden, die den Weg dahin erleichtern. Wie jedes noch so individuelle Haus den Regeln einer Statik folgen muss, so gibt es auch im I Ging Statik-Regeln, die dazu führen, „der zu werden, der man werden kann." Diese Regeln möchte ich auszugsweise anhand von Hexagramm „63. Nach der Vollendung" nahebringen. Wenn Sie dieses Kapitel durchdrungen haben, werden Sie hoffentlich deutlicher erkennen, wo Ihre Stärken liegen und an welchen Punkten noch Arbeit auf Sie wartet.

Warum das Hexagramm „63. Nach der Vollendung" heißt, erscheint auf den ersten Blick nicht nachvollziehbar. Mal sehen, ob wir dieses aus den Strichen ableiten können.

Das Feuer steht unten und stellt eine Feuerstelle da, auf dem ein Topf mit Wasser ist. Wenn beide Elemente im Ausgleich sind, ist alles stimmig. Meistens überwiegt ein Element, alles kommt aus dem Gleichgewicht. Dieses Zeichen steht nur für den kurzen Augenblick der Perfektion, das Fenster, gerade perfekt gereinigt, und dann kommt Regen. Die Millionen Euro, die jemand gewinnt, und dann kommen die Sorgen der richtigen Geldanlage und/oder die Angst vor Bettlern. Erst die Traumarbeitsstelle und dann die Sorge, ob die Kollegen nett sind oder ob es die richtige Entscheidung war, oder die Sorge, dass einem die Fähigkeiten für die Arbeit fehlen. Das ist eine Seite dieses Hexagrammes. Die andere, wenig beachtete Seite sind die Stellungen und Bedeutungen der einzelnen Yin- und Yanglinien. Auf diese möchte ich hier näher eingehen und mit Ihnen gleichzeitig die Konsequenzen erörtern.

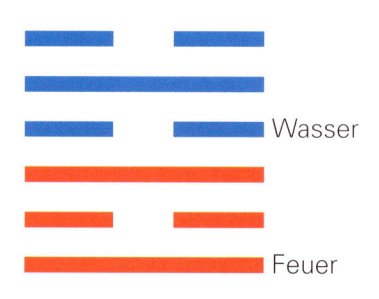

Wasser

Feuer

Wie schon weiter oben erwähnt, wird jedes Hexagramm von unten nach oben gelesen.

Linie 1 „Urvertrauen"

Die Linie 1 steht für das Urvertrauen. Es ist das Fundament unserer Persönlichkeitsstruktur. Bei den Architekten gibt es den Spruch: „Wer hoch hinaus will, muss lange beim Fundament verweilen." Beim I Ging ist es genauso: Wenn wir im Leben etwas erreichen möchten, geht es erstmal darum, ein sehr stabiles Fundament zu bauen. Die meisten wollen aber schnell Wände setzen, sprich kurzfristigen Erfolg haben, und wundern sich, wenn diese nicht halten und suchen dann die Schuld bei anderen, statt in ihrem Inneren nach den tatsächlichen Ursachen zu forschen. Der Fundamentbau ist bei vielen

Menschen harte Arbeit, da diese Linie bei vielen kein starkes Yang, sondern ein sehr „durchlöchertes" Yang ist.

Fundamentarbeit bedeutet z. B.:

- Auflösen der hinderlichen Elternbotschaften

- Ursachenforschung der eigenen Neid- und Hassgefühle

- Lernen, wie man sein Leben nach den Gesetzen der Natur ausrichten kann

Wir sollten noch genauer untersuchen, welche Konsequenzen es hat, wenn das Urvertrauen schwach ist und welche Schwierigkeiten Sätze wie „Denke positiv" mit sich bringen.

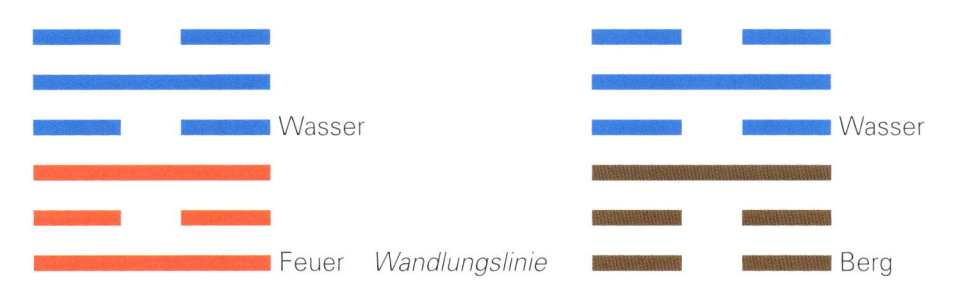

Wenn das Urvertrauen schwach ist, wandelt es sich zu folgendem Zeichen. Aus der unteren Yanglinie wird eine Yinlinie. Dann entsteht unten der Berg und darüber ist das Wasser. Konkret stehen wir mir mit mangelndem Urvertrauen am Fuße des Berges von Problemen und es regnet. Unangenehme Situation! Nur kommt es noch schlimmer. Schauen Sie sich mal die Linie 2, 3 und 4 an. Richtig! Noch ein fließendes Wasser, es regnet in Strömen und Sie müssen diesen matschigen Berg von Problemen hoch. Die Linien 3, 4 und 5 scheinen etwas Hoffnung zu geben, da ist Feuer. Leider gibt es nur Nebel, bei so viel Regen hat das Feuer keine Chance. Kleiner Trost: „ Es ist ein warmer Regen" Was sagt uns denn das innere Hexagramm, unten Wasser und oben Feuer?

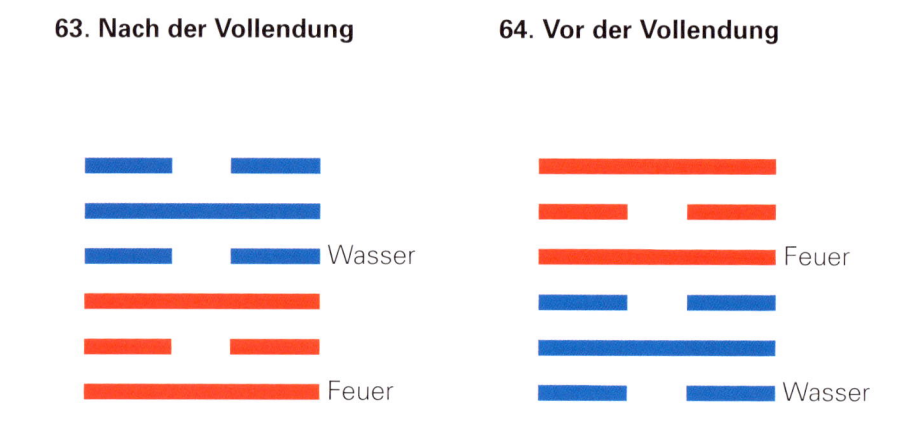

63. Nach der Vollendung   **64. Vor der Vollendung**

Wasser / Feuer

Feuer / Wasser

Mensch, das ist ja genau das umgekehrte Zeichen von „63. Nach der Vollendung". Alles steht auf dem Kopf! Das Zeichen „64. Vor der Vollendung" spricht von der endgültigen Beseitigung von Provisorien. Das ist viel Arbeit, sage ich Ihnen aus bitterer Erfahrung. Wenn Sie da durchgehen, dann wird das Leben dauerhaft wieder sehr lebenswert, nur müssen Sie erst den schlammigen Berg bewältigen und dadurch eine Stärkung Ihres Urvertrauens erleben.

Tipp: Sie dürfen sich Hilfe holen. Allein einen unbekannten Berg von Problemen zu bewältigen, ist viel zu riskant.

Ich selbst war vor Jahren mit mangelndem Urvertrauen ausgestattet und habe immer mehr Probleme bekommen, bis ich mich entschloss Helfer zu suchen, und diese habe ich auch gefunden. Die für mich wirksamsten Helfer waren zwei liebevoll helfende und fachlich versierte Menschen sowie das I Ging. Bezüglich des Urvertrauens noch eine wichtige Anmerkung: Viele Menschen, besonders Personen in machtvollen Positionen, haben ihr fehlendes Urvertrauen durch Machtsymbole im Auftreten ersetzt, damit es keiner bemerkt. Wer wahrhaftiges Urvertrauen hat, braucht diese sehr kraftzehrende Täuschung nicht.
Personen, die ihr fehlendes Urvertrauen offen zeigen, sind schon einen deutlichen Schritt weiter als die erwähnten Machtmenschen, da sie ihre Kraft nicht sinnlos für Verleugnungen vergeuden. Sie haben natürlich den Nachteil, dass sie nicht so schnell in unserem Gesellschaftssystem vorankommen. Der „Schein" ist ja in vielen Lebensfeldern immer noch wichtiger als das Sein. Das soll kein Rundumschlag sein, denn ich kenne auch viele Menschen in machtvollen Positionen, die diese ehrlichen Menschen fördern.

Diese Linie ist die elementarste für die Entwicklung einer starken, offenen Persönlichkeit, die sich und andere wertschätzt.

Wenn Sie damit etwas konkret anfangen wollen, beschäftigen Sie sich mit Hexagramm „18. Die Arbeit am Verdorbenen" und Hexagramm 37. „Die Sippe". Tipp: Die beiden Hexagramme finden Sie weiter hinten.

Linie 2 „Denken"

Das Denken, ein wichtiger Baustein in der Entwicklung des Menschen. Das Denken soll offen sein, deshalb ist hier auch eine empfangende Yinlinie gezeichnet. Durch die offene Linie erfahren wir neue Dinge und können Licht in dunkle Angelegenheiten bringen.

Wenn diese Linie eine Yanglinie hat, wird das Denken überbetont. Menschen, die das Denken überbetonen und alles im Leben mit z. B. Doppelblindstudien erklären wollen, kommen in die Situation, dass alles länger dauert und sie warten müssen. Menschen mit einer Yangüberbetonung auf der Denklinie hemmen oft kreative Köpfe und Einflüsse, weil sie meinen, sie hätten die Wahrheit gepachtet. Im Übrigen ist das ein Aberglaube, der sich seit Menschengedenken hält. Jede vergangene Generation glaubt, sie hätte jetzt die tatsächliche Wahrheit, und wir haben sie auf jeden Fall ... oder? Der folgende Spruch von Max Planck bringt die ÜberDenker vielleicht auf den Boden der Tatsachen zurück:

„Fortschritt ist nur dadurch möglich, dass die Kapazitäten aussterben."

Damit will ich es bei dieser Linie belassen.

Linie 3 „Gefühle"

Hier werden unsere aktuellen Gefühle von Traurigkeit und Frohsinn beschrieben. Diese Linie sollte im Idealfall eine Yanglinie sein, damit die Gefühle klar und eindeutig sind. Wer unklare Gefühle hat, kommt leicht in Schwierigkeiten, da er sich immer wieder von Augenblickssituationen mitreißen lässt. Wenn ich klar bin in meinen Gefühlen, kann ich auch die Gefühle meiner Mitmenschen klarer wahrnehmen. Wenn ich unsicher bin, ob meine Gefühle bezüglich anderer Personen richtig sind, gibt es eine einfache Methode, das herauszufinden. Sprechen Sie den anderen höflich darauf an, ob die wahrgenommenen

Gefühle richtig sind. Ich habe erlebt, dass die meisten Menschen wenn man dies offen, aufrichtig und ohne Anwesenheit einer dritten Person macht, antworten. Das Gute dabei ist, dass beide durch diese offene Aussprache gewinnen und ihren Gefühlen mehr Klarheit geben. Dies sollten Sie natürlich nur bei Menschen tun, die Ihnen wohlgesonnen sind.

Die ersten drei Linien zeigen das Innere eines Menschen. Die nächsten Linien beziehen sich auf alles außerhalb des Menschen, was natürlich von den drei vorher besprochenen Linien maßgeblich beeinflusst wird.

Linie 4 „Herz / soziale Instanz"

Die Linie des Herzens, auch die soziale Instanz genannt. Hier geht es um den Umgang mit unseren Mitmenschen. Sie spricht von den Motiven, die wir in unserem Handeln haben. Wenn wir berufliche und private Angelegenheiten gerne und von ganzem Herzen machen, gelingen sie leichter und besser.

Ein Satz fasst dieses sehr schön zusammen:

„Eine Sache ist nur gefährdet, wenn du sie nicht mit dem Herzen machst!"

Sie können mit diesem Satz leicht überprüfen, ob Sie ein freudvolles Leben führen. Je mehr Sie mit dem Herzen machen, je größer wird automatisch Ihre Zufriedenheit sein. Die Sache ist ganz einfach, nur nicht unbedingt leicht! Wenn Sie hartherzig sind (da können Sie auch ruhig die Symbolik des Herzinfarktes dazu zählen), führt dieses Zeichen zur Umwälzung der gesamten Lebenssituation. Was ja leicht bei Menschen mit Herzinfarkt zu beobachten ist.

Linie 5 „Seele"

Die Seele, dieser unfassbare Teil, der sich durch keine wissenschaftliche Blindstudie erfassen lässt, ist letztlich unser nichtmaterieller Teampartner, wie schon bei den Trigrammen erwähnt. Wenn wir nicht an einen Sinn im Leben glauben, wird alles sinnlos. Die Yanglinie (der Lebenswille) wird zu Yin, und wir kommen zum Zeichen „36. Die Verfinsterung des Lichts". Kann es eine bessere Symbolik für die Hoffnungslosigkeit geben als die Dunkelheit?

Linie 6 „Geist"

Genährt vom Konfuzianismus und dem Taoismus erkennt das I Ging das UNBEGREIFLICHE an, lässt sich aber auf keine Glaubensrichtung ein, dadurch wäre es parteiisch. Wie Sie es nennen, hängt von Ihrer Einstellung ab: Gott, Buddha, Allah oder Manitou, das UNBEGREIFLICHE erfasst Sie alle. Die obige Linie ist offen, um diese Verbindung zu zeigen. Genau wie ein neugeborenes Kind die Fontanelle noch offen hat, was als Symbolik zum UNBEGREIFLICHEN verstanden werden kann.

10. Verschiedene Wege zum weiteren Umgang mit den 64 Zeichen

In Kapitel 11 habe ich alle 64 Hexagramme beschrieben. Mein Kopf war gewillt, mehr zu schreiben, da in jedem Zeichen ein immenses Wissen verborgen ist. Die Beratungs- und Seminararbeit mit dem I Ging hat mich gelehrt, dass ein Beschränken auf die wesentlichen Elemente den Teilnehmern mehr hilft als zu viele Informationen, die dann eher verwirren!
So, in den nächsten Abschnitten gibt es einige Tipps zur Vorgehensweise. Die Wege sind unterschiedlich. Der richtige Weg ist der, der Sie in Ihrer Entwicklung voranbringt. Dies kann je nach Zeit und Situation jeweils ein anderer sein. Ich wünsche Ihnen viele Erkenntnisse.

10.1. Wie ein Buch
Sie lesen alle Hexagramme hintereinander wie ein Buch. Dies Reihenfolge bringt viele Erkenntnisse, ist jedoch besonders am Anfang für viele Interessierte ein sehr mühsamer Weg. Einige kommen damit gut zurecht. Probieren Sie es einfach aus.

10.2. Spontan reagieren durch die Hexagrammüberschrift
Sie lesen die Überschriften der Hexagramme und entscheiden dann spontan. Eine ungewöhnliche, aber auch reizvolle Methode, nach dem ersten Eindruck zu gehen.

10.3. Fingertechnik
Noch etwas anderes: Mit geschlossenen Augen blättern, dann eine Seite aufschlagen, Augen auf und lesen. Dies Methode bringt Sie immer wieder auf neue Gedanken, auch ich wende diese Vorgehensweise immer noch gerne an.

10.4. Unbegreifliches

Es gibt Dinge zwischen Himmel und Erde, die wir Menschen nicht begreifen können. Die beiden nächsten Vorgehensweisen gehören für mich dazu.

Bei den folgenden Methoden „Zahlen" und „Münzen" ist etwas mehr Vorbereitung notwendig. Nehmen Sie sich am besten mindestens eine Stunde Zeit und sorgen Sie dafür, dass Sie völlig ungestört bleiben (Besuch, Telefon oder andere störende Möglichkeiten).

Überlegen Sie, worin Sie für sich jetzt die meiste Unterstützung bei einer Schwierigkeit benötigen. Bitte nehmen Sie das für Sie bedrängendste oder wichtigste Problem. Wenn Sie dies nicht tun, besteht oft die Gefahr, dass Sie keine für Sie einsichtige Antwort bekommen oder sich die Antwort auf eine andere Situation bezieht.

Obgleich ich mich schon seit 1993 täglich mit dem I Ging beschäftige, stehe ich immer wieder staunend und mit Demut, manchmal auch mit Ungeduld vor den Antworten. Viele Menschen, die ich kenne, haben mit dieser sicherlich ungewöhnlichen Methode schon sehr gute Erfahrungen gemacht, die Probleme aus einer anderen Perspektive zu sehen. Dadurch bekommen Sie vielleicht auch neue Anstöße, Ihre Probleme anders zu betrachten und danach zu handeln.

Tipp: Probieren Sie die Methoden im stillen Kämmerlein aus, Sie brauchen ja niemandem davon zu erzählen. Sagen Sie sonst einfach später: Der „Geurts spinnt!"

10.4.1 Zahlen

Nehmen Sie ein Blatt Papier und schreiben Sie im Kopf des Blattes die Zahlen 6, 7, 8 und 9. Auf der linken Seite des Blattrandes machen Sie sechs Punkte von unten nach oben, einigermaßen gleichmäßig verteilt über das Blatt.

So sollte Ihr Blatt aussehen:

        6   7   8   9

-
-
-
-
-
-

Legen Sie den Stift nun erstmal an die Seite und betrachten Ihr Problem in Gedanken. Um sich konzentrieren zu können, schließen manche Menschen dabei die Augen oder meditieren. Wenn Sie das Problem richtig in sich spüren, nehmen Sie den Stift und schreiben an jedem Punkt von unten nach oben eine der am Papierkopf stehenden Zahlen. Es dürfen alle Zahlen vorkommen, einige oder auch nur eine. Wichtig ist, dass Sie zügig in der ungewöhnlichen Schreibweise von unten nach oben alle sechs Zahlen schreiben, ohne den Stift abzulegen. Danach gehen Sie weiter vor, wie es in 10.4.3. beschrieben ist.

10.4.2 Münzen

Sie benötigen: Drei gleiche Münzen, die Ihnen angenehm in der Hand liegen, ein Blatt Papier und einen Stift. Schreiben Sie auf der linken Seite von unten nach oben gleichmäßig verteilt sechs Markierungspunkte auf das Blatt, wie oben gezeigt, aber ohne Zahlen.

Denken Sie jetzt bewusst an Ihr Problem und betrachten Sie es von allen Seiten. Sie können dabei die Augen schließen und auch meditieren. Wenn Sie spüren, dass Sie richtig in Ihrer Fragestellung sind, nehmen Sie die vorher zurechtgelegten drei gleichen Münzen in die Hand. Wölben Sie die Hand und verschließen Sie diese mit der gewölbten anderen Hand. Denken Sie weiter an Ihre Situation und schütteln Sie kräftig. Öffnen Sie spontan Ihre Hände und lassen Sie die Münzen auf einen Tisch fallen. Notieren Sie von jeder Münze, welche Seite Sie sehen, von unten nach oben.

Wichtig: Bei jedem Wurf immer an die gleiche Situation denken!

(Wenn Sie beim Münzwurf an etwas anderes denken, wird das Ergebnis verfälscht)

Notieren Sie den ersten Wurf mit einem „K" für Kopf oder „Z" für Zahl oder schreiben Sie die Wörter aus (Zahl, Kopf). Denken Sie weiter an Ihre Situation, machen Sie den zweiten Wurf und notieren ihn neben dem nächsten Punkt. Gehen Sie so weiter vor, bis alle sechs Punkte eine Kombination haben dabei immer wieder an die Situation denken.

Beispiel:

- **Linie 6**   K (Kopf), K (Kopf), K (Kopf),
- **Linie 5**   K (Kopf), K (Kopf), Z (Zahl)
- **Linie 4**   K (Kopf), Z (Zahl), Z (Zahl)
- **Linie 3**   K (Kopf), K (Kopf), Z (Zahl)
- **Linie 2**   K (Kopf), Z (Zahl), Z (Zahl)
- **Linie 1**   Z (Zahl), Z (Zahl), Z (Zahl)

Wenn Sie diese Arbeit getan haben, entschlüsseln Sie die geworfenen Kombinationen wie folgt:

Zahl = 2
Kopf = 3

Zählen Sie für jede der einzelnen Linien die Summen zusammen. Die Möglichkeiten:

Zahl (2), Zahl (2), Zahl (2)	= 6
Kopf (3), Zahl (2), Zahl (2)	= 7
Kopf (3), Kopf (3), Zahl (2)	= 8
Kopf (3), Kopf (3), Kopf (3)	= 9

Jetzt gehen Sie weiter vor, wie es in 10.4.3. beschrieben ist.

10.4.3. Entschlüsselung der Informationen

Nehmen Sie jetzt Ihr Blatt und schreiben Sie hinter den Zahlen von unten nach oben die entsprechenden Yin- oder Yangstriche:

6 bedeutet = ▬▬ ✕ ▬▬ das Yin in der Wandlung

7 bedeutet = ▬▬▬▬▬ starkes Yang

8 bedeutet = ▬▬ ▬▬ starkes Yin

9 bedeutet = ▬▬ ◯ ▬▬ das Yang in der Wandlung

zum Beispiel so:

Linie 6 Kopf (3), Kopf (3), Kopf (3) = 9 = ▬▬ ◯ ▬▬ Yang in Wandlung

Linie 5 Kopf (3), Kopf (3), Zahl (2) = 8 = ▬▬ ▬▬ starkes Yin

Linie 4 Kopf (3), Zahl (2), Zahl (2) = 7 = ▬▬▬▬▬ starkes Yang

Linie 3 Kopf (3), Kopf (3), Zahl (2) = 8 = ▬▬ ▬▬ starkes Yin

Linie 2 Kopf (3), Zahl (2), Zahl (2) = 7 = ▬▬▬▬▬ starkes Yang

Linie 1 Zahl (2), Zahl (2), Zahl (2) = 6 = ▬▬ ✕ ▬▬ Yin in Wandlung

Die drei unteren Linien zeigen das erste Trigramm. Hier haben wir ohne die Beachtung der Wandlungslinie das Trigramm „Wasser".

```
▬▬  ▬▬
▬▬▬▬▬▬
▬▬▬▬▬▬   Wasser
```

Die oberen drei Striche bilden das zweite Trigramm. Auch hier ist erstmal keine Unterscheidung zwischen stark und schwach notwendig. Hier entsteht das Trigramm „Feuer".

```
▬▬▬▬▬▬
▬▬  ▬▬
▬▬▬▬▬▬   Feuer
```

Mit der Tabelle auf Seite 261 finden Sie das entstandene Hexagramm.

10.4.4 Umgang mit dem Ergebnis, wenn Wandlungslinien existieren

Lesen Sie den allgemeinen Kommentar und dann die sogenannten berührten Linien (die mit X oder 0 markiert sind). Fangen Sie bei der kleinsten Zahl an, wenn Sie mehrere Linien berührt haben. Es kann sein, dass Sie bestimmte Linien nicht sofort verstehen. Dies kann verschiedene Gründe haben. Wenn mehrere Linien berührt sind, werden die oberen in einigen Situationen erst dann bedeutsam, wenn das „Untere" sich klärt bzw. verstanden worden ist. Manchmal braucht eine weiter oben berührte Linie (z.B. die vierte Linie) „Reifezeit", dann schauen Sie sich diese in den nächsten Tagen nochmals an. Bedenken Sie: Erkenntnis braucht mal mehr, mal weniger Zeit. Sehr sinnvoll kann es sein, sich nochmals die passenden Trigrammbeschreibungen in Kapitel 4. anzuschauen. Das gewandelte Hexagramm auf dieser Linie gibt weitere Informationen. Hierzu nehmen Sie einfach die Zahl, die hinter „wandelt sich zu Hexagramm ?" steht. Das gewandelte Hexagramm kann die Aussage nochmals verstärken, einen Warnhinweis geben oder die Konsequenzen unseres Handelns aufzeigen. Lesen Sie beim gewandelten Zeichen nur den allgemeinen Kommentar. Die Linien werden hier nicht berücksichtigt.

Beachten Sie bitte bei Unklarheiten besonders die Informationen in Kapitel 10.5.!

10.4.5 Umgang mit dem Ergebnis, wenn <u>keine</u> Wandlungslinien existieren

Sollte sich bei Ihnen keine Linie wandeln (Es befinden sich nur die Zahlen 7 und 8 auf dem Blatt), haben besonders Anfänger, aber auch viele Fortgeschrittene im I Ging große Schwierigkeiten, die richtige Erkenntnis aus dem Zeichen zu gewinnen. Die Gründe liegen zum Teil darin, dass das I Ging den Schwerpunkt auf die Wandlungslinien legt und dass bei keiner vorhandenen Wandlungslinie mehrere Möglichkeiten der Betrachtung entstehen. Ein nichtgewandeltes Hexagramm ist daher eine wunderbare Möglichkeit, tiefer ins I Ging einzusteigen. Der Nachteil dabei ist eine deutlich höhere Zeitinvestition.

Es gilt jetzt, den für Sie passenden Weg bei einem nichtgewandelten Hexagramm zu finden. Dieser kann je nach Befragung unterschiedlich sein. Ich werde Ihnen der Reihe nach die verschiedenen Möglichkeiten vorstellen. Am Anfang empfehle ich Ihnen, nach diesen Richtlinien vorzugehen. Wenn Sie sicherer im Umgang mit dem I Ging sind, werden Sie vermutlich leicht den für Sie passenden Weg entdecken.

10.4.5.1 Allgemeinen Kommentar vom Hexagramm lesen

Lesen Sie zuerst den allgemeinen Kommentar zu dem entsprechenden Hexagramm. Lassen Sie den Text auf sich wirken.

10.4.5.2 Allgemeinen Kommentar vom <u>inneren</u> Hexagramm lesen

Wie das innere Hexagramm gebildet wird, können Sie in Kapitel 6 nachlesen. Lesen Sie hier auch den allgemeinen Kommentar. Lassen Sie auch dieses innere Hexagramm auf die befragte Situation wirken. Das innere Hexagramm zeigt das Thema hinter dem Thema, eine tiefere Ursache oder die Lösung.

Beschäftigen Sie sich mit der allgemeinen Beschreibung des unteren Trigramms aus dem entsprechenden Kapitel 4 und beziehen Sie es auf die befragte Situation.

Beschäftigen Sie sich mit der allgemeinen Beschreibung des oberen Trigramms aus dem entsprechenden Kapitel 4 und beziehen Sie es auf die befragte Situation.

Beachten Sie bitte bei Unklarheiten besonders die Informationen in Kapitel **10.5.**!

10.5. Verschiedene Ursachen, wenn es keine einleuchtende Antwort gibt.

Das Gespräch mit einem promovierenden Physiker brachte mich dem I Ging ein weiteres Stück näher. Er erzählte mir, dass es in der Physik eine Theorie gibt, die davon aus geht, dass alles was in unserem Leben existiert letztendlich „Energie" ist. Auch unsere Gedanken. Wenn wir also unsere Gedanken auf etwas richten, bekommen wir eine Antwort. Da sind sich die moderne Physik und das I Ging ziemlich nahe.

10.5.1 Gedanken auf die wesentliche Situation richten

Richten Sie Ihre Befragung immer auf das für Sie Wesentliche, denn hier steckt immer unsere drängendste Energie. Unser „Unerklärliches" sucht immer das für uns Bedeutsame heraus. In den vielen Befragungen, die ich mit Menschen durchgeführt habe, passiert es ab und zu, dass die Menschen sich nicht auf das Wesentliche konzentrieren. Dann kommen solche Antworten, wie: „Es passt nicht zu dem Gedachten, aber zu einer anderen Situation". Oder: „Darauf wollte ich jetzt keine Antwort, dass passt mir gar nicht!" Oder: „Verflixt, wieso bekomme ich die gleiche Antwort wie bei der Familientherapie! (Mögliche Antwort: Weil Sie es endlich lösen sollten!)."

Tipp: Oft werden bedeutsame Partnerschaftsfragen und existenzielle Probleme verdrängt! Kein Wunder, da hier die großen Ängste stecken. Da müssen wir ran, wenn wir dauerhaft besser leben wollen.

10.5.2. Ablenkung

Solche plötzlichen Gedanken wie:

„Ich muss noch die Waschmaschine anstellen", „die Steuererklärung liegt noch immer da" oder „wann kommen die Kinder aus der Schule?" bringen unsere Gedanken in eine andere Richtung und können so eine verwirrende Antwort nach sich ziehen. Ein klingelndes Telefon oder das plötzliche Klopfen an der Tür haben die gleiche Wirkung. Wenn solche Störungen kommen, stellen Sie diese erst ab und beginnen mit Ruhe noch einmal neu.

10.5.3. Reifezeit

Wir haben uns an alle Vorgehensweisen gehalten und verstehen trotz mehrfachen Lesens die Antwort nicht. Dann sollten wir die Antwort einige Zeit liegen lassen, oft kommt dann die Lösung von selbst. Wenn nicht, sollten Sie mit einem Helfer die Antwort besprechen.

Ungeduldig eine neue Befragung anzugehen, führt meistens zu mehr Verwirrung. Bevor Sie dies tun, bitte ich Sie, den nachfolgenden Abschnitt zu lesen.

10.6 Warnhinweise

Die I Ging-Befragung ist aus meiner Erfahrung ein sehr gutes Werkzeug, um Probleme zu betrachten und sinnvolle Handlungsschritte daraus abzuleiten. Nachdem Sie ein Hexagramm durch eine Befragung bekommen haben, empfehle ich Ihnen, sich genau damit zu beschäftigen (z.B. auch mit anderen darüber zu sprechen und / oder auch den Richard Wilhelm dazu zu lesen) und eine neue Befragung erst dann folgen zu lassen, wenn diese Angelegenheit beendet ist bzw. Sie nichts mehr tun können.

Wenn Sie die I Ging-Befragung bei einfachen Problemen nutzen, dann ist die Gefahr groß, dass Sie oft eine unverständliche Antwort erhalten. Oft passiert es, dass die Antwort auf ein anderes, meist schwerwiegenderes oder dringenderes Problem passt.

Manche Menschen sind von dieser Befragungsmethode so fasziniert, dass sie immer wieder Fragen stellen, ohne das Erfahrene zu erforschen und umzusetzen, dieses Verhalten zehrt aus. Im I Ging heißt es dazu: „Bei der ersten Befragung gebe ich Auskunft. Fragt man zwei-, dreimal, so ist das Belästigung. Wenn man belästigt, so gebe ich keine Auskunft."

In meiner Beratungspraxis habe ich schon mehrfach erlebt, dass Menschen durch zu viele Befragungen (mit dem I Ging oder anderen Methoden) orientierungslos werden. Sie verzehren sich wie das Feuer und suchen dann die Schuld bei ihren Mitmenschen. Solche Beratungen sind dann leider oft sehr langwierig und schwierig, häufig stellt sich kein oder nur ein geringer Erfolg ein, da man sich ziemlich „verbrannt" hat. Deshalb nochmals mein Wunsch:

„Gehen Sie achtsam um mit diesem wertvollen Geschenk."

Dann können Sie, wie viele Menschen großen Nutzen davon haben!

11. Die 64 Hexagramme

1.	KIEN / Das Schöpferische	128
2.	KUN / Das Empfangende	130
3.	DSCHUN / Die Anfangsschwierigkeiten	132
4.	MONG / Die Unerfahrenheit	134
5.	SU / Das Warten	136
6.	SUNG / Der Streit	134
7.	SCHI / Das Heer	140
8.	BI / Das Zusammenhalten	143
9.	SIAU TSCHU / Des Kleinen Zähmungskraft	145
10.	LÜ / Das Auftreten	147
11.	TAI / Der Friede	149
12.	PI / Die Stockung	151
13.	TUNG JEN / Gemeinschaft mit Menschen	151
14.	DA YU / Der Besitz von Großem	156
15.	KIEN / Die Bescheidenheit	158
16.	YU / Die Begeisterung	160
17.	SUI / Die Nachfolge	162
18.	GU / Die Arbeit am Verdorbenen	160
19.	LIN / Die Annäherung	166
20.	GUAN / Die Betrachtung	170
21.	SCHI HO / Das Durchbeißen	170
22.	BI / Die Anmut	172
23.	BO / Die Zersplitterung	174
24.	FU / Die Wiederkehr	176
25.	WU WANG / Die Unschuld	178
26.	TSCHU / Des Großen Zähmungskraft	180
27.	I / Die Ernährung	182

28.	DA GO / Des Großen Übergewicht	184
29.	KAN / Das Abgründige, das Wasser	186
30.	LI / Das Haftende	189
31.	HIEN Die Einwirkung	191
32.	HONG / Die Dauer	193
33.	DUN / Der Rückzug	195
34.	DA DSCHUANG / Des Großen Macht	197
35.	DSIN / Der Fortschritt	199
36.	MING I / Die Verfinsterung des Lichts	201
37.	GIA / Die Sippe	203
38.	KUI / Der Gegensatz / Die Entfremdung	206
39.	GIEN / Das Hemmnis	208
40.	HIE / Die Befreiung	210
41.	SUN / Die Minderung	212
42.	I / Die Mehrung	214
43.	GUAI / Der Durchbruch / Die Entschlossenheit	216
44.	GOU / Das Entgegenkommen	218
45.	TSUI / Die Sammlung	220
46.	SCHONG / Das Empordringen	222
47.	KUN / Die Erschöpfung	226
48.	DSING / Der Brunnen	227
49.	GO / Die Umwälzung	229
50.	DING / Der Tiegel	231
51.	DSCHEN / Das Erregende	233
52.	GEN / Das Stillhalten	235
53.	DSIEN / Die allmähliche Entwicklung	238
54.	GUI ME / Die triebhaften Neigungen	240
55.	FONG / Die Fülle	242
56.	LÜ / Der Wanderer / Aufbruch zu neuen Ufern	244

57.	SUN / Das Sanfte	246
58.	DUI / Das Heitere	249
59.	HUAN / Die Auflösung	251
60.	DSIE / Die Beschränkung	253
61.	DSCHUNG / Die innere Wahrheit	255
62.	SIAU GO / Des Kleinen Übergewicht	257
63.	GI DSI / Nach der Vollendung	259
64.	WE DSI / Endgültiges Beseitigen von Provisorien	261

1. Kien / Das Schöpferische

▬▬▬▬▬▬▬▬▬▬▬▬▬▬▬▬
▬▬▬▬▬▬▬▬▬▬▬▬▬▬▬▬
▬▬▬▬▬▬▬▬▬▬▬▬▬▬▬▬ Himmel
▬▬▬▬▬▬▬▬▬▬▬▬▬▬▬▬
▬▬▬▬▬▬▬▬▬▬▬▬▬▬▬▬
▬▬▬▬▬▬▬▬▬▬▬▬▬▬▬▬ Himmel

Das erste Zeichen im I Ging steht für den kraftvollen Beginn einer neuen Lebensphase / eines neuen Projektes. Die sechs Yangstriche zeigen eine große Energie, die sich entfalten will. Wir sind voller Mut und ohne Zweifel und freuen uns auf die Verwirklichung unserer Ideen. Unsere Motivation und Tatkraft sind gute Grundlagen für die anstehenden Veränderungen und Herausforderungen.

Die Gefahr bei so viel Yangenergie ist, dass wir nicht warten wollen auf den richtigen Zeitpunkt, sondern ohne Vorsicht und Strategie nach vorne drängen und hierdurch unsere Kraft dauerhaft und sinnlos verzehren. Dieses rücksichtslose Verhalten führt dann zum Rückzug bei den Mitmenschen. Sie trauen sich nicht, uns ihre andere Meinung kundzutun, da sie unsere überrollende Yangkraft spüren.

Daran sieht man, dass die Yangkraft allein nicht nutzvoll ist. Für den sinnvollen Ausgleich benötigen wir das Yin, welches in Hexagramm 2 „Die Erde" dargestellt wird.

Linie 1 wandelt sich zu Hexagramm 44
Wir wollen handeln, denn die Kraft steht zur Verfügung, doch der richtige Zeitpunkt liegt in der Zukunft. Auf dieser unteren Linie sind wir noch unbekannt.

Das entfernte Ziel wird erreicht, wenn wir uns in großer Geduld üben und bei unseren Werten bleiben.

Linie 2 wandelt sich zu Hexagramm 13
Die Fähigkeiten fallen in der Gemeinschaft noch nicht besonders auf. Langfristig bekommt dieser Mensch eine machtvolle Position, die gekennzeichnet ist durch großes Wissen und hohes Pflichtbewusstsein.

Linie 3 wandelt sich zu Hexagramm 10
Diese Person arbeitet unermüdlich bis in die späten Abendstunden. Seine Fähigkeiten und Wirkungen werden langsam erkannt, und er gewinnt leicht andere Menschen für seine Ideen. Eine gewisse Vorsicht in den Gedanken und Gefühlen ist angebracht, da der Erfolgsrausch schon so manchen Menschen von seinem ehrlichen Weg abgebracht hat.

Linie 4 wandelt sich zu Hexagramm 9
Jetzt gilt es zu entscheiden. Nach innen gehen und die Selbstverwirklichung weiter vorantreiben oder möchte man nach außen wirken! Beide Wege sind möglich und richtig. Wer seinem Herzen folgt, ist auf dem richtigen Weg.

Linie 5 wandelt sich zu Hexagramm 14
Hier erreicht ein wissender und klarer Mensch sein Ziel und wirkt auf andere Menschen mit großem Einfluss. Viele Menschen lassen sich von ihm leiten.

Linie 6 wandelt sich zu Hexagramm 43
Hochmut kommt vor dem Fall. Berauscht vom Erfolg, geht der Bezug zu den Menschen verloren. Wenn jetzt keine Umkehr erfolgt, wird ein harter Absturz mit Einsamkeit die unabwendbare Folge sein.

2. KUN / Das Empfangende

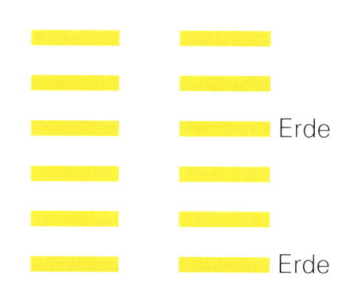

⚏ Erde

⚏ Erde

Die Erde wird mit offenen Linien dargestellt und zeigt damit das Prinzip „zu empfangen" auf allen Ebenen. Sie fordert nicht, sie ist geöffnet und empfangsbereit. Die Farbe Gelb mag auf den ersten Blick irritieren. Gelb deutet auf die Mitte hin. Wer sich mit den Grundprinzipien der chinesischen Diätik (chinesische Ernährungslehre) beschäftigt, wird hierdurch wissen, dass dem Erdprinzip eine besondere Bedeutung zukommt. In dieser Ernährung geht es unter anderem darum, Produkte zu essen, die dem Element Erde zugeordnet sind - wie z.B. Mais oder Kartoffeln, um die Mitte, d.h. die Prinzipien der Erde, zu stärken. Die Erde steht für Schutz und Fürsorge. Der Körperbereich, der der Erde zugeordnet ist, ist der Bauch. Die Erde ordnet sich unter, sie macht stillschweigend die Arbeit, ohne nach Ruhm, Lohn oder Ehre zu streben. Dienen und Demut sind hier zu finden.

Es bildet den Ausgleich zur der gesamte Yangenergie von Hexagramm 1 „Der Himmel" . Wir benötigen die Tatkraft des Himmels und die Materie der Erde, um etwas erreichen zu wollen. Fehlt eins, wird es mit der Zielerreichung schwierig!

Linie 1 wandelt sich zu Hexagramm 24
Die schon schwere Lebenssituation wird noch schwieriger, es kommt zu einer frostigen Situation. Aufhalten können wir diese „dunkle Eiszeit" nur, wenn wir flexibel reagieren.

Linie 2 wandelt sich zu Hexagramm 7
Wenn wir unser „Ich" nicht in den Vordergrund stellen, wirken wir ohne Absicht. Dieses, der Natur entsprechende Verhalten führt dazu, dass wir große Unterstützung bekommen.

Linie 3 wandelt sich zu Hexagramm 15
Seine Fähigkeiten nicht zeigen, damit sie in Ruhe reifen können, ist sinnvoll, damit sie später reife Früchte bringen. Ziel ist es, notwendige Arbeiten korrekt fertigzustellen, die Lorbeeren anderen zu überlassen und sich bei notwendigen Präsentationen bescheiden zu verhalten.

Linie 4 wandelt sich zu Hexagramm 16
Dieser großen Gefahr kann man nur entgehen, wenn man sich verschlossen hält. Jedes Nach-außen-gehen führt zu mächtigem Streit, und die hilfreichen Absichten werden nicht verstanden.

Linie 5 wandelt sich zu Hexagramm 8
Der Erfolg in einer guten, aber abhängigen Position kommt durch weise Zurückhaltung. Hierbei sollte das ehrliche, verschwiegene Wirken aus unseren inneren feinfühligen Einstellungen zu den Menschen kommen.

Linie 6 wandelt sich zu Hexagramm 23

Hier halten wir uns nicht an die Fügsamkeit der Erde, sondern versuchen mit Gewalt, unser Ziel zu erreichen. Dieses Verhalten schadet unserem Geist und führt zu einem tiefen Absturz. Sich zurückzuhalten und mit guten Freunden zu beraten, führt zur Abmilderung dieser gewalttätigen Situation und zur grundsätzlichen Umkehr im Verhalten.

3. DSCHUN / Die Anfangsschwierigkeiten

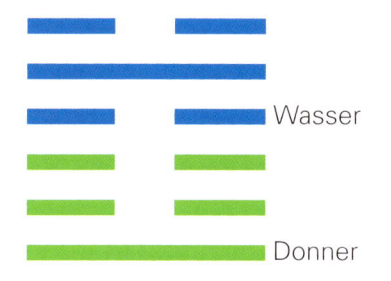

Wasser

Donner

Der Donner, das junge Holz will vorankommen. Er wird in seiner Entwicklung von oben gehemmt, da ihm Feuchtigkeit fehlt. Das obere Zeichen „Wasser" symbolisiert Wolken, die irgendwann dem Donner als Feuchtigkeitsspender Nahrung geben.

Wir haben einen Willen und wollen unbedingt vorankommen. Dabei werden wir im Neuanfang gebremst von Dingen, die wir nicht beeinflussen können. In dieser Phase scheitern viele Menschen, weil sie die Ursachen der Anfangsschwierigkeiten nicht sauber analysieren und dann aufgeben. Dieses führt dann dauerhaft zur Schwächung des Urvertrauens und damit zur großen Angst, den täglich auftretenden Schwierigkeiten vor Ort nicht richtig begegnen zu können.

Linie 1 wandelt zu Hexagramm 8

Im Beginn tauchen Blockaden auf. Jetzt gilt es, seinem Ziel treu zu bleiben und passende Helfer einzusetzen, damit die Hemmung überwunden werden kann. Wenn wir in unserem Verhalten sachlich und bescheiden sind, werden wir die richtigen Menschen finden.

Linie 2 wandelt sich zu Hexagramm 60

Plötzlich verändert sich die Situation. Man bekommt inmitten großer persönlicher Schwierigkeiten überraschend Hilfe angeboten. Man nimmt diese Hilfe nicht an, da sie nicht zur rechten Zeit kommt, und wartet geduldig ab – das Ziel wird langfristig erreicht.

Linie 3 wandelt sich zu Hexagramm 63

Wer sich in unbekannte große Schwierigkeiten ohne einen guten Führer begibt, um planlos etwas zu erreichen, der wird Spott und Hohn ernten. Besser nicht den schwammigen und unbedachten Gefühlen folgen.

Linie 4 wandelt sich zu Hexagramm 17

Die Zeit zum Handeln ist gekommen, nur fehlt nach langen Kämpfen die Kraft. Der Zufall beschert eine Möglichkeit, den richtigen Anschluss zu finden. Jetzt gilt es, sich mit Selbstvertrauen und ohne Hochmut Hilfe zu holen.

Linie 5 wandelt sich zu Hexagramm 24

Wir werden falsch verstanden, unsere wohlwollenden Absichten werden umgedeutet. Handeln bringt jetzt nur Verwirrung. Besser, wir machen im Verborgenen weiter korrekt und vorsichtig unsere tägliche Arbeit und warten, bis sich die Umstände von selbst aufklären.

Linie 6 wandelt sich zu Hexagramm 42

Uns wachsen die Anfangsschwierigkeiten über den Kopf, wir geben traurig und hoffnungslos auf. So etwas darf nicht oft passieren, da wir dann bald keinen Mut mehr haben, Schwierigkeiten anzugehen.

4. MONG / Die Unerfahrenheit

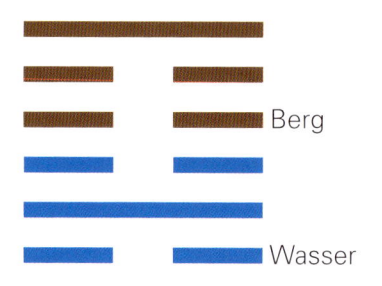

Berg

Wasser

Der Berg steht auf dem fließenden Wasser, sicherlich ist das kein stabiler Untergrund. Genauso ist es mit der Unerfahrenheit, man hat noch keine fundierte Grundlage, Probleme und Aufgaben sinnvoll zu bewältigen. Dieses Zeichen lässt sich am besten im Abgleich mit den ersten drei Linien von Hexagramm 63 beschreiben (siehe hierzu Kapitel 9). Die Linie 1 zeigt durch das Yin schwaches Urvertrauen und sollte ein Yang sein, die Linie 2 zeigt hier eine Yang- statt einer Yinlinie und deutet auf eine Überbetonung des Denkens hin. Und die Yinlinie bei den Gefühlen deutet hier auch keine Klarheit an. Die drei wesentlichen Merkmale einer Persönlichkeit (Urvertrauen, Denken und Gefühl) sind nicht in Ordnung.

Wenn wir aus Unerfahrenheit vor Schwierigkeiten stehen, sollten wir uns einen weisen Begleiter suchen und mit dessen Unterstützung die Probleme lösen.

Dieses Hexagramm zeigt auch einen jungen Menschen, dem noch viele Erfahrungen fehlen.

Das Zeichen hat zum einen Bedeutung für den, der Hilfe sucht, und gibt gleichzeitig Hilfestellung für den, der andere mit seinem Wissen unterstützt. Als Lehrer sollten wir unser Wissen nicht aufdrängen, sondern ruhig warten, bis die Menschen zu uns kommen.

Linie 1 wandelt sich zu Hexagramm 41

Klare Regeln sind notwendig, damit die Unerfahrenheit keinen Schaden verursacht. Disziplin, die sich am jeweiligen Entwicklungsstand orientiert, führt zur gesunden Weiterentwicklung. Angst machende, verletzende Unterdrückung wäre falsch, sie führt zur Rückentwicklung.

Linie 2 wandelt sich zu Hexagramm 23

Ein nach außen machtloser Mensch erträgt mit innerer Stärke und Ruhe die emotionalen unüberlegten Ausbrüche seiner Mitmenschen. Dies zeigt eine große Fähigkeit von ihm und bringt ihm hohe Anerkennung. Eine solche Einstellung ist eine gesunde Grundlage für eine verantwortliche Position.

Linie 3 wandelt sich zu Hexagramm 18

Hier besteht die Gefahr zur Prostitution durch ein schwaches, unerfahrenes inneres Selbst. Das Unterwerfen und Kopieren einer Autorität, um durch Selbstaufgabe persönliche Vorteile und Ruhm zu erlangen, führt ins Unglück.

Linie 4 wandelt sich zu Hexagramm 64

Die Gefahr besteht hier, in Illusionen „verstrickt" zu bleiben, dies führt zu leidvollen Erfahrungen. Dem Lehrer bleibt in dieser Situation nur, den Schüler in seinen Illusionen zu belassen, damit dieser hoffentlich durch die schmerzhaften Erfahrungen zur Selbsterkenntnis kommt.

Linie 5 wandelt sich zu Hexagramm 59

Wenn wir offen und ohne Forderungen mit kindlicher Neugier Unterstützung bei weisen Menschen suchen, dann werden wir hilfreiche Förderung erfahren und viele Probleme werden sich auflösen.

Linie 6 wandelt sich zu Hexagramm 7

Es muss ein unverbesserlicher Mensch bestraft werden. Diese Strafe sollte der Situation gerecht werden und hilfreiche Wirkung erzielen. Sie sollte sachlich und ohne Zorn erfolgen. Denn Zorn führt zur Willkür und zu persönlichen Verletzungen.

5. SU / Das Warten

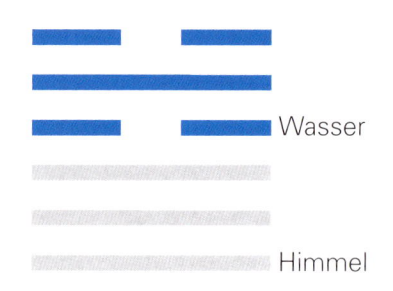

Wasser

Himmel

Die unteren drei Yanglinien sind voller Tatkraft und wollen endlich etwas bewirken. Wir müssen auf eine Entscheidung/Situation warten. Das wird gezeigt durch das obere Trigramm Wasser, welches die Wolken zeigt, die noch nicht regnen.

Dieses Hexagramm zeigt uns, wie wir warten sollen. Viele sind beim Warten in der Gefahr, sich durch Ungeduld aufzuzehren. In den einzelnen Linien sind Tipps, wie wir warten können, ohne zu warten!

Das Warten können wir uns erleichtern, indem wir uns heiter mit guten Menschen zusammensetzen und gute Gespräche bei Speisen und Getränken führen.

Die Gefahr besteht darin, dass wir die Dinge, die für uns förderlich sind, zerstören, wenn wir ihnen nicht die Möglichkeit zur natürlichen Reifung geben. Ein guter Wein benötigt ja auch mehr Zeit zur Reifung!

Linie 1 wandelt sich zu Hexagramm 48
Noch ist die Bedrohung weit weg. Statt in verzehrendes Grübeln zu verfallen, sollte man weiterhin seine täglich wiederkehrenden Arbeiten erledigen. Dieses schützt vor verfrühten Handlungen, schont die Energie und verhindert damit Fehler.

Linie 2 wandelt sich zu Hexagramm 63
Jetzt kommt die Bedrohung näher, es kommt dadurch zu Missstimmungen. Streit durch Schuldzuschreibungen entsteht. Da hilft nur, in der Ruhe zu bleiben, dann wird sich kein Streitfeuer entzünden.

Linie 3 wandelt sich zu Hexagramm 60
Dumm! Hier konnte man nicht mehr warten. Die Kraft reicht nicht aus, um die Probleme in einem Zug zu lösen. Jetzt sitzt man mitten im Schlamassel. Man kommt nicht weiter und ist jetzt großen Angriffen der Gegner ausgesetzt. Ruhe und doppelte Vorsicht können noch einige der negativen Folgen abwenden.

Linie 4 wandelt sich zu Hexagramm 43
Eine sehr gefährliche Situation, jetzt geht es um alles oder nichts. Der große Kampf hat begonnen. Die Wege zum Ausweichen sind abgeschnitten. Wir sollten die Situation nicht durch eigene Handlungen verschlimmern, sondern abwarten.

Linie 5 wandelt sich zu Hexagramm 11

Einiges wurde erreicht. Noch sind nicht alle Probleme gelöst. Genau jetzt ist eine genussvolle Ruhepause mit Freunden bei Wein und Essen angebracht, um sich mit Fröhlichkeit für die nächsten schweren Aufgaben zu stärken. Das Ziel sollten wir dabei im Auge behalten.

Linie 6 wandelt sich zu Hexagramm 9

Die ganze Mühe scheint vergeblich gewesen zu sein. Falsch! Jetzt geht es darum, sich den neuen Dingen zu öffnen, denn hinter einer hässlichen Verpackung sind oft die schönsten Geschenke.

6. SUNG / Der Streit

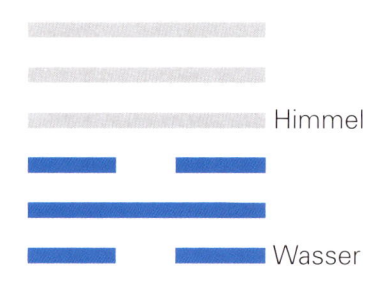

Himmel

Wasser

Der starke, mächtige Himmel geht mit seiner Energie nach oben und das fließende Wasser geht in der Bewegungsrichtung nach unten. Dieses Auseinandergehen ist das Symbol für „Streit".

Warum dieses Zeichen Streit heißt, lässt sich auch an den unteren drei Linien von Hexagramm 63 (siehe hierzu ausführliche Erläuterungen in Kapitel 9) eindeutig erklären. Alle drei Linien sind im Abgleich mit diesem Hexagramm 63 auf dem falschem Platz. Das Urvertrauen ist schwach und sollte stark sein, das Denken ist Yang und damit überbetont und die Gefühlswelt ist schwach, statt stark und klar zu sein. Verstärkt wird der Streit noch durch die drei mächtigen oberen Yanglinien. Viel Streitenergie, die sinnlos verbraucht wird.

Wie Sie Streit vermeiden können, als Schlichter auftreten oder wie Sie durch Streit viel von Ihrer Vitalität einbüßen, davon sprechen die einzelnen Linien. Wenn Sie die Linien gründlich erforscht haben, besitzen Sie eine gründliche Anleitung zur Streitreduzierung und zur Erhöhung Ihrer Lebensfreude.

Linie 1 wandelt sich zu Hexagramm 10

Dies bleibt ein kleiner Streit, wenn wir dem Streitfeuer keine Nahrung geben und geduldig abwarten. Gewinnen können wir ihn sowieso nicht, da die Gegenseite mehr Macht besitzt.

Linie 2 wandelt sich zu Hexagramm 12

Nachgeben ist das Geheimnis auf dieser Linie. Druck erhöht den Gegendruck. Das Geheimnis ist, sich weichzumachen, dies kommt der Gemeinschaft zugute. Es wird viel Unglück mit einem ziemlich starken Gegner vermieden.

Linie 3 wandelt sich zu Hexagramm 44

Hier sucht einer Streit, weil er meint, recht zu haben. Dies sollte man nicht tun, denn nichts kann uns genommen werden, wenn es uns wirklich gehört. Es geht darum, seine Arbeit mit Pflichtbewusstsein zu tun, auch wenn andere dafür das Lob erhalten.

Linie 4 wandelt sich zu Hexagramm 59

Große Streitlust ist im Inneren, und man will sich durch einen Kampf einige Vorteile erstreiten. Die Erkenntnis, dass man es mit einem schwächeren Gegner zu tun hat, fördert die Moral in einem und man vermeidet Streit. Das ist für alle Beteiligten das Beste.

Linie 5 wandelt sich zu Hexagramm 64
Hier steht ein gerechter Mensch, der die große Fähigkeit besitzt, Streit nachhaltig zu schlichten. Zu ihm kann man gerne gehen, um Klarheit und Ruhe in strittigen Angelegenheiten zu bekommen.

Linie 6 wandelt sich zu Hexagramm 47
Hier wird ein streitsüchtiger Mensch gezeichnet, der durch raffinierte Strategien oft zu seinem Recht kommt. Sein Preis für das Rechthaben ist Erschöpfung, ständige Unzufriedenheit und eine unendliche Streitspirale. Er sollte sich vielleicht fragen, ob sich dieser Aufwand wirklich lohnt.

7. SCHI / Das Heer

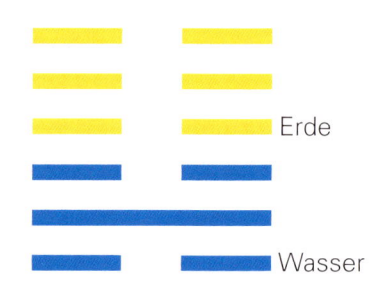

Erde

Wasser

Dieses Zeichen hat sehr viel mit Strategie zu tun. Der einzige vorhandene Yangstrich auf der Ebene „Denken" zeigt den General, der im Verborgenen sein Heer lenkt und es mit Disziplin fest im Griff hat. Neben der Disziplin sollten alle ein gemeinsames Ziel haben. Wirtschaftliche Sicherheiten sind wichtig, damit man sich ohne Bedenken in den notwendigen Kampf begeben kann und sich hierdurch die volle Kraft entfaltet.

Dieses Prinzip lässt sich leicht auf andere Organisationsformen (Regierung, Unternehmen oder Vereine) übertragen. Wenn das Volk die Strategien des Staates nicht mehr mittragen kann, dann wäre es das Beste, dass sich die Mächtigen des Landes fragen, welche Fehler sie gemacht haben, statt ihre Energie mit der Suche nach einem Sündenbock im Volk oder in den eigenen Reihen zu verschwenden.

Wenn die Fehlersuche bei der eigenen Person konsequent beginnt, dann kann es zu einer wahrhaftigen Wiederkehr kommen.

Linie 1 wandelt sich zu Hexagramm 19
Erst sollten wir Ordnung in unserer Organisation schaffen und einen klaren, für alle vertretbaren Grund definieren, der für gemeinschaftliche Loyalität sorgt, bevor wir uns in Bewegung setzen. Sonst können wir unsere gesteckten Ziele nicht erreichen.

Linie 2 wandelt sich zu Hexagramm 2
Gute Führer sind in der Mitte der Geführten. Sie bekommen alles mit, verstehen die Menschen und können deshalb sinnvolle Entscheidungen treffen, die von allen getragen werden. Dadurch erhalten sie große Belohnungen.

Linie 3 wandelt sich zu Hexagramm 46
Ein unfähiger, hochmütiger Führer, der meint, er sei besser als der Führer von Linie 2 dringt unberechtigt empor. Er führt die Menschen und sich mit seiner Überheblichkeit ins Verderben und bemerkt zuerst gar nicht, welchen Schaden er mit seiner Unerfahrenheit anrichtet.

Linie 4 wandelt sich zu Hexagramm 40

Diesen Kampf zu gewinnen ist unmöglich, deshalb ist es sinnvoll und weise, sich mit Disziplin aus der Situation zurückzuziehen, um so Schaden abzuwenden.

Linie 5 wandelt sich zu Hexagramm 29

Menschen haben die bestehenden Grenzen durchbrochen und richten Schaden an. Mit einem erfahrenen Führer, der energisch und strategisch handelt und die Grenzverletzer bestraft, kommt es zum Erfolg. Sinnloses Um-sich-Schlagen führt zur Niederlage.

Linie 6 wandelt sich zu Hexagramm 4

Wir haben den Kampf gewonnen. Eine neue Ordnung wird eingeführt. Bei dieser Neuordnung sollten wir unfähigen Personen keine machtvollen Positionen geben, sondern sie für ihre Verdienste nur materiell entlohnen, damit sie keinen Schaden anrichten können.

8. BI / Das Zusammenhalten

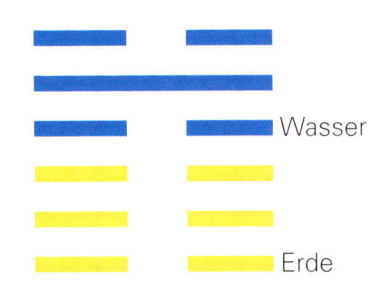

Wasser

Erde

Wie im vorigen Zeichen gibt es auch hier nur einen Yangstrich. Diesmal auf der Seelenlinie. Bei dem vorherigen Zeichen ging es um den General. Hier finden wir einen König oder einen anderen weisen Führer. Durch ihn kommt Zusammenhalt, weil die Menschen ihm wegen seiner Weisheit und Güte, aber nicht wegen seiner Position, als natürlichen Führer anerkennen! Viele Menschen wollen andere führen, die wenigsten besitzen jedoch die Qualität, Menschen sinnvoll und weise ohne Egoismus zu führen. Wenn ich deshalb in Selbstprüfung erkannt habe, dass ich kein Führer sein kann, ist es besser, diese Position nicht anzustreben, sonst führt man die Menschen und sich selbst ins Unglück. Wer seine Grenzen kennt und sich danach richtet, ist sehr weise!

Beim Zusammenhalten sollte darauf geachtet werden, dass die Interessen aller relevanten Gruppen berücksichtigt werden und diese Gruppen ihren Teil zur Gemeinschaft beitragen. Passiert dieses nicht, kann es leicht zur Zersplitterung kommen, weil einzelne Teile bevorzugt werden.

Linie 1 wandelt sich zu Hexagramm 3

Der Wunsch, die Beziehung zu einem guten Menschen einzugehen, kann sich noch nicht erfüllen, da die Zeit noch nicht reif ist. Deshalb halten wir mit starkem Glauben in unserem Herzen zu ihm, und dann kommt es mit der Zeit im Außen von selbst.

Linie 2 wandelt sich zu Hexagramm 29
Hier sind die Beziehungen zu einer für uns wichtigen Person hauptsächlich in unserer Seele. Wichtig ist dabei, die eigenen Werte dauerhaft zu wahren und nicht durch Selbstaufgabe nach Zusammenhalt zu suchen.

Linie 3 wandelt sich zu Hexagramm 39
Wir sind mit Menschen zusammen, die uns nicht guttun. Wichtig dabei ist, keine Vertrautheit entstehen zu lassen, damit wir innerlich frei bleiben für förderliche Personen.

Linie 4 wandelt sich zu Hexagramm 45
Wir haben uns fest entschlossen, uns mit einer würdigen Person zu verbinden, jetzt sollten wir dieses auch im Außen zeigen und uns nicht durch andere Meinungen oder Unentschlossenheit vom Weg abbringen lassen.

Linie 5 wandelt sich zu Hexagramm 2
Zu diesem weisen Führer kommen die Menschen gerne. Da er keinen zwingt, entscheiden sich die Menschen aus ihrem freien Willen heraus. Wer innere Stärke besitzt, braucht auf die Menschen keinen Zwang auszuüben.

Linie 6 wandelt sich zu Hexagramm 20
Wer immer wieder abwägt, ob die Entscheidung richtig ist und sich nicht traut, den Weg der Hingabe zu gehen, der findet niemals Zusammenhalt und wird später bitterlich weinen.

9. SIAU TSCHU / Des Kleinen Zähmungskraft

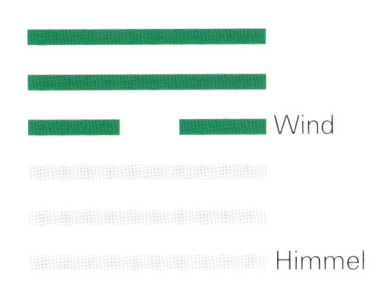

```
━━━━━━━━━
━━━━━━━━━
━━━  ━━━  Wind
━━━━━━━━━
━━━━━━━━━
━━━━━━━━━  Himmel
```

Das untere Trigramm Himmel will unbedingt schnell etwas bewirken. Es wird von der sanften, anpassungswilligen Art des oberen Trigramms „Wind" in Zaum gehalten, da die rechte Zeit zum Handeln noch nicht gekommen ist. Der schwache Yinstrich auf der vierten Linie hält die anderen mit seiner Sanftheit ruhig.

Wenn wir als schwacher, machtloser Mensch von mächtigen Menschen umgeben sind und genau wissen, was zu tun ist, dann hilft nur eine sehr durchdachte Diplomatie, um unser Ziel zu erreichen. Wenn wir im Inneren absolut mit uns im Reinen sind, können wir durch diese Sanftheit auf Dauer sehr viel erreichen.

Mächtiges Auftreten würde Widerstand erzeugen, und wir würden unsere Position verlieren.

Linie 1 wandelt sich zu Hexagramm 57

Wir gehen gewaltig voran und kommen in eine Sackgasse. Diese Erkenntnis führt uns wieder zurück auf den richtigen Weg, und wir lassen dem „Natürlichen" seinen Lauf.

Linie 2 wandelt sich zu Hexagramm 37

Am Beispiel anderer Menschen erkennen wir, dass das Erreichen des Ziels so nicht möglich ist. Wir lernen daraus und ziehen uns gemeinsam mit den anderen zurück. So entgehen wir einer Bloßstellung.

Linie 3 wandelt sich zu Hexagramm 61

Hier wird versucht, mit brachialer Gewalt das Ziel zu erreichen, weil es scheinbar leicht möglich ist. Dieses wird überraschenderweise gestoppt und es kommt zum Streit. Diese Ablehnung kann belehren und dazu führen, dass man in dieser unrechtmäßigen Weise nicht mehr vorgeht.

Linie 4 wandelt sich zu Hexagramm 1

Keine leichte Aufgabe, machtvolle Menschen so zu leiten, dass sie es nicht bemerken und große Konflikte vermieden werden. Durch Ehrlichkeit, Angstüberwindung, große Demut und Selbstlosigkeit wird dieses Ziel erreicht.

Linie 5 wandelt sich zu Hexagramm 26

Geben und Nehmen, verbunden mit Treue, führt zu einer erfolgreichen Beziehung. Eine solche gegenseitige Bereicherung führt zu tiefem Glück und großer Freude, an der beide Menschen wachsen.

Linie 6 wandelt sich zu Hexagramm 5

Wir haben unsere Position durch das lange Zusammentragen vieler kleiner Puzzlestücke erreicht. Wenn wir diesen Erfolg jetzt allen stolz zeigen und mehr wollen, dann ist Unglück die Folge.

10. LÜ / Das Auftreten

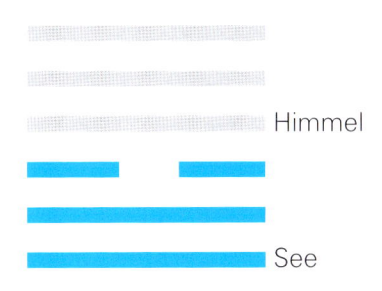

Himmel

See

Dieses Zeichen spricht davon, wie wir uns mächtigen Menschen gegenüber verhalten sollten. Unten trifft der See mit seiner gelassenen Heiterkeit auf den mächtigen Himmel. Wenn wir machtvollen Personen die Wahrheit in einer ehrlichen, nicht überzogenen Heiterkeit aufzeigen, dann reizen wir sie nicht. Sie hören die Wahrheit und können ihr Gesicht wahren. Was wollen wir mehr?

In der Ursprungsfamile lernen wir unser Auftreten gegenüber mächtigen Personen oft mit den Rat-Schlägen von Unterordnung oder Auflehnung. Der Erfolg mithilfe von Freundlichkeit wird selten gelehrt. Ein ehrliches Lächeln ohne Unterwürfigkeit ist die gewinnbringendste Art, seinen Mitmenschen die Zähne zu zeigen.

Linie 1 wandelt zu Hexagramm 6

Hier beginnt ein tüchtiger Unbekannter seine ersten einfachen Schritte. Er folgt seinem Herzen, ist zufrieden, stellt keine Forderungen und will im Leben etwas leisten. Diese Einstellung ist die notwendige Saat für den zukünftigen Erfolg.

Wenn jemand aber in einer einfachen Position unruhig, rücksichtslos und ohne Leistungswillen dieser Niedrigkeit entfliehen will, wird er sich nach Zielerreichung arrogant und dekadent verhalten.

Linie 2 wandelt sich zu Hexagramm 25

Hier stellt einer keine Forderungen an seine Mitmenschen und wandelt allein. Er bleibt seinen inneren Werten treu und hält sich von der Gesellschaft fern. Hierdurch geht er ohne Auseinandersetzungen seines Weges.

Linie 3 wandelt sich zu Hexagramm 1

Wer seine Schwächen bagatellisiert und sich z.B. starkredet durch positives Denken, sich dann noch in gefahrvolle Situationen begibt, der erleidet sehr große Verletzungen.

Linie 4 wandelt sich zu Hexagramm 61

In dieser gefährlichen Situation ist Vorsicht angebracht, denn dieses Projekt gelingt nur, wenn man seine inneren Fähigkeiten mit behutsamem Voranschreiten verbindet.

Linie 5 wandelt sich zu Hexagramm 38

Zweifelloses, klares Auftreten ohne einen Blick zurück und der bedrohlichen Lage bewusst ins Auge blickend, führt auf dieser machtvollen Linie zum notwendigen Erfolg.

Linie 6 wandelt sich zu Hexagramm 58

Wir haben unsere Aufgabe erledigt. Wenn wir uns unsere bisherigen Wirkungen anschauen, wissen wir, ob die Arbeit von Erfolg gekrönt ist. Die Qualität der Ernte spiegelt gleichzeitig unsere Persönlichkeit wider.

11. TAI / Der Friede

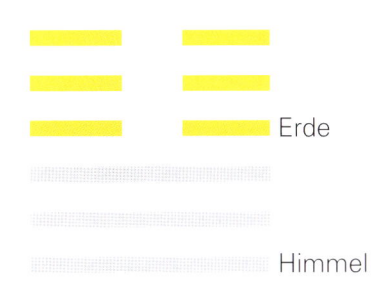

Erde

Himmel

Der Himmel begibt sich unter die Erde und zeigt damit, dass er nicht seine Macht präsentieren muss. Er wirkt von unten nach oben. Die Erde steht oben und ist offen und empfangsbereit für Neues und wirkt von oben nach unten. So kommen sich Himmel und Erde entgegen. Das Starke dient dem Schwachen.

So kommen sich die Repräsentanten des weiblichen Prinzips (Erde) und des männlichen Prinzips (Himmel) wohlwollend entgegen. In dieser Konstellation zeigt sich das Idealbild von privater und beruflicher Partnerschaft. Das Starke ordnet sich dem Schwachen unter, weil es nicht den Zwang zu repräsentieren hat und sich in dieser niedrigen Position nicht unterwürfig fühlt.

Menschen, die eine solche Persönlichkeitsstruktur haben, sind aufgeschlossen für fremde Personen und neue Ideen, ohne ihre eigenen Werte aufzugeben. Diesen partnerschaftlichen Frieden können wir zerstören durch starke verletzende Emotionen.

Linie 1 wandelt sich zu Hexagramm 46

Gemeinschaftlich mit anderen Menschen haben wie Erfolg. Die vorhandenen Fähigkeiten verpflichten uns, unsere Kenntnisse und Fertigkeiten zur Verfügung zu stellen.

Linie 2 wandelt sich zu Hexagramm 36

Es geht darum, die gefährlichen Probleme jetzt anzupacken, in seiner Mitte d.h. ausgeglichen zu sein und gleichzeitig an seine Ziele zu denken. Sogar dann, wenn es Gleichgesinnte nicht verstehen. Gleichzeitig sollte Toleranz gegenüber den Verständnislosen da sein. Ein ausgeglichener Mensch, der mit sich und der Umwelt im Reinen ist, gewinnt der schlimmsten Seite noch Nutzen ab.

Linie 3 wandelt sich zu Hexagramm 19

Alles Starke wird schwach. Die aufsteigende Welle, von der wir getragen werden, läuft aus. Wir sollten uns über die vielen Geschenke freuen und nicht über das kommende Ende klagen.

Linie 4 wandelt sich zu Hexagramm 34

Ein herzensguter und wissender Mensch wendet sich mit Bescheidenheit den einfachen Menschen zu und schafft hierdurch gegenseitiges Vertrauen, weil dieses Zusammenkommen auf seinen inneren Werte beruht.

Linie 5 wandelt sich zu Hexagramm 5

Fruchtbringende Zusammenarbeit, da niemand seine Fähigkeiten oder seine Position in den Vordergrund stellt. Entscheidend ist die Erfüllung der Aufgabe, und das bringt den Erfolg.

Linie 6 wandelt sich zu Hexagramm 26

Jetzt setzt der angekündigte naturgemäße Verfall (Linie 3) endgültig ein. Es geht darum, sich zu fügen und nicht gegen die Gesetze der Natur mit Gewalt anzukämpfen. Das bringt nur Ärger. Die verbindende Gemeinschaft bietet in dieser schwierigen Lage sinnvollen Halt.

12. PI / Die Stockung

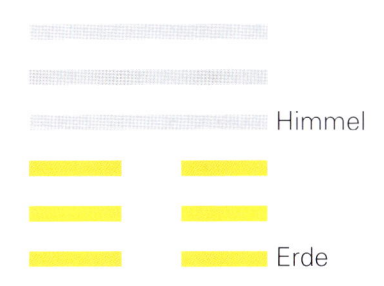

Himmel

Erde

Die Erde hat die Bewegungsrichtung nach unten und der Himmel will nach oben. Es findet keine Vereinigung der Trigramme statt. Deshalb nennt sich dieses Zeichen „Stockung". Die beiden haben sich nichts mehr zu sagen, es findet kein Austausch statt.

Ehepaare oder andere Vertragspartner, die sich auseinandergelebt haben und voller Misstrauen sind, beschreibt dieses Zeichen. Eine fruchtbringende Zusammenarbeit besteht nicht mehr. Zudem steht es für den Rückzug der Natur nach dem Sommer.

Private, berufliche und gesellschaftliche Stockungen können wir durch allmähliche vorsichtige Entwicklung - doch oft nur mit externer Hilfe - langsam auflösen.

Linie 1 wandelt sich zu Hexagramm 25

Wir ziehen uns mit anderen zurück. Denn was wir jetzt im Leben bewirken, hat keinen Bestand mehr. Wer nicht begreift, wann Einfluss nicht mehr möglich ist, der zehrt sich auf.

Linie 2 wandelt sich zu Hexagramm 6

Hier schmeicheln einige Menschen einem Höherstehenden, damit er ihnen bei ihren ungelösten Problemen hilft. Er erkennt, dass seine Einmischung nicht sinnvoll ist. Er bleibt sich treu und gibt keine Hilfe, obgleich er darunter zu leiden hat. Dies führt zu Glück.

Linie 3 wandelt sich zu Hexagramm 33

Menschen sind durch faule Tricks in Positionen gelangt, in die sie nicht gehören. Sie merken, dass sie die gestellten Aufgaben nicht erledigen können. Trauer über den Hochmut kommt in ihrem inneren Wesen auf, und dies führt zur freiwilligen Umkehr.

Linie 4 wandelt sich zu Hexagramm 20

Die Wende zum Besseren kommt langsam. Unfähige Menschen sind hier fehl am Platz. Jetzt benötigt man fähige Menschen, um nicht wieder die gleichen Fehler zu begehen. Dies kommt allen zugute.

Linie 5 wandelt sich zu Hexagramm 35

Endlich lässt die Stockung nach. Jetzt ist doppelte Vorsicht angebracht, dass man nicht wieder die gleichen Fehler wiederholt. Deshalb hier noch der Text von Konfuzius als eindringliche Warnung:

„*Gefahr entsteht, wo einer sich auf seinem Platz sicher fühlt. Untergang droht, wo einer seinen Bestand zu wahren sucht. Verwirrung entsteht, wo einer alles in Ordnung hat. Darum vergisst der Edle, wenn er sicher ist, nicht der Gefahr, wenn er besteht, nicht des Untergangs, und wenn er Ordnung hat, nicht der Verwirrung. Dadurch kommt er persönlich in Sicherheit, und das Reich wird gewahrt.*"

Linie 6 wandelt sich zu Hexagramm 45

Auflösung der Stockung gelingt durch einen weisen Helfer und durch gemeinsame Anstrengung.

13. TUNG JEN / Gemeinschaft mit Menschen

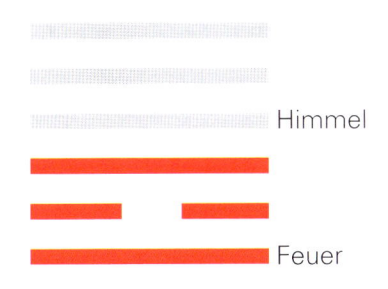

Himmel

Feuer

Unten das Trigramm Feuer. An einem Feuer stellen sich gerne Menschen zum Gespräch zusammen. Eine Gemeinschaft sollte für die Mitglieder einleuchtende Ziele haben und Wärme ausstrahlen, damit sie gerne mit hoher Motivation zusammenkommen. Dauerhaftigkeit wird geschaffen durch Schutz und natürliche, klare Regeln, an denen sich jeder orientieren kann und an die sich jeder hält, damit keine Willkür entsteht. Diese werden durch die Yangenergie des obigen Trigramms Himmel symbolisiert.

Eine starke Gemeinschaft sollte durch ihre Einigkeit auch dazu dienen, gemeinsam große Probleme zu lösen. Dieses Zeichen beschreibt die Grundlagen, wie man eine sinnvolle Gemeinschaft aufbauen kann und in welcher Phase sich eine Gemeinschaft befindet.

Linie 1 wandelt zu Hexagramm 33

Bei der Bildung einer neuen Gemeinschaft sollten alle gleichberechtigt sein. Geheime Absprachen sind für die Bildung einer guten Gemeinschaft nicht förderlich.

Linie 2 wandelt sich zu Hexagramm 1

Egoistische Interessen herrschen in dieser Gemeinschaft. Manche wollen Vorteile erzielen auf Kosten der anderen Mitglieder. Dies führt zu Verstimmungen innerhalb der Gemeinschaft.

Linie 3 wandelt sich zu Hexagramm 25

Gegenseitiges Misstrauen herrscht in dieser Gemeinschaft. Spionage wird betrieben und böse Fallen werden gelegt, um andere ins Unglück zu stürzen. Das eigene Wesen ist auch davon vergiftet. Sinnvoll ist, die Situation zu akzeptieren und daraus zu lernen.

Linie 4 wandelt sich zu Hexagramm 37

Das Misstrauen verschwindet langsam. Die Herzen sind noch verhärtet. Dadurch kommt es noch nicht zur Versöhnung. Zweifel entstehen, ob man diesen hartherzigen Weg weitergehen soll. In der Herzöffnung liegt die Lösung.

Linie 5 wandelt sich zu Hexagramm 30

Zwei Menschen, die sich lieben, sind durch ihre unterschiedlichen Positionen im Leben getrennt. Das macht beide sehr traurig. Sie bleiben sich in der Not treu und kommen nach schwierigen Zeiten mit Freude zusammen.

„Das Leben führt den ernsten Menschen auf bunt verschlungenem Pfade. Oft wird gehemmt des Laufes Kraft, dann wieder geht's gerade. Hier mag sich ein beredter Sinn in Worten frei ergießen,

Dort muss des Wissens schwere Last in Schweigen sich verschließen.
Doch wo zwei Menschen einig sind in ihrem innern Herzen,
Da brechen sie die Stärke selbst von Eisen oder Erzen.
Und wo zwei Menschen sich im innern Herzen ganz verstehen,
Sind ihre Worte süß und stark wie Duft von Orchideen." *
*Konfuzius (leicht abgeändert)

Linie 6 wandelt sich zu Hexagramm 49

Man hat sich von der Gemeinschaft entfernt, da man nicht mehr mit dem Herzen dabei ist. Der jetzige Anschluss gelingt, ohne persönliche Vorteile zu bekommen. Ein erfahrener Mensch handelt so selbstlos, da sein Wissen benötigt wird.

14. DA YU / Der Besitz von Großem

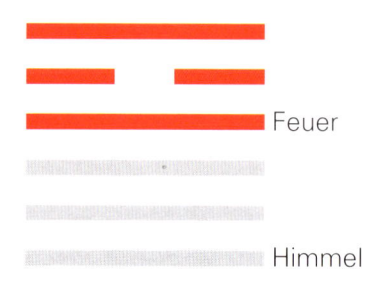

Feuer

Himmel

Der Himmel ist unten, hat die volle Energie und will etwas bewegen. In dieser Konstellation hat der Himmel großes Glück, da er auf das Feuer trifft, dieses unterstützt seine Tatkraft mit Herzensenergie und flammender Begeisterung. Denn wenn wir etwas im Leben bewirken wollen, müssen wir für unsere Idee leuchten. So wie ein begeisterter Redner in jeder Faser seines Körpers für seine Idee / Philosophie brennt und dadurch die Menschen im Herzen berührt.

Das Erfolgsgesetz des I Gings ist ganz einfach - wobei einfach nicht leicht bedeutet! Wenn Sie etwas erreichen wollen, benötigen Sie Wissen und die Fähigkeit, es an eine dritte Person zu transportieren. Den tatsächlichen Erfolg erzielen wir aber nur, wenn wir völlig aus Liebe handeln. Denn ein Vorhaben ist nur gefährdet, wenn wir es nicht mit dem Herzen tun.

Wenn Sie großen Besitz erreichen wollen mit innerer Zufriedenheit, dann müssen Sie nur Dinge tun, die Sie gerne und aus dem Herzen heraus tun. Geld als Motivation führt zur Unzufriedenheit und zum Absturz.

Linie 1 wandelt sich zu Hexagramm 50

Wachstumsbeginn der großen inneren Fähigkeiten. Bisher verlief alles fehlerfrei. Wenn wir uns im Klaren sind, dass wir in Zukunft noch einige unsichtbare Hürden zu überwinden haben, dann bleiben wir frei von Fehlern.

Linie 2 wandelt sich zu Hexagramm 30

Eigentum nutzt wenig, wenn man es nicht verwenden und bewegen kann. Man bekommt fleißige Mitstreiter, die bereit sind, verantwortlich Unterstützung zu leisten. Jetzt können wir handeln.

Linie 3 wandelt sich zu Hexagramm 38

Wir dürfen unseren geistigen und materiellen Besitz nicht nur zur Selbstverwirklichung nutzen. Das wäre Egoismus. Vielmehr sollten wir dieses Potenzial allen Menschen mit Freude zur Verfügung stellen.

Linie 4 wandelt sich zu Hexagramm 26

Man ist in der Gefahr, neidisch auf den Erfolg seiner Mitmenschen zu schauen, das ist gefährlich. Entscheidend ist es jetzt, seinen Weg ohne Zweifel und Stolz zu gehen, denn was andere besitzen, sollten wir ihnen von Herzen gönnen.

Linie 5 wandelt sich zu Hexagramm 1

Durch unsere persönliche große und gütige Ausstrahlung folgen uns die Menschen von selbst. Manche nutzen diese Güte aus. Diese Menschen muss man freundlich, klar und bestimmt in ihre Grenzen verweisen.

Linie 6 wandelt sich zu Hexagramm 34

Dieser mit Weisheit durchdrungene Mensch bleibt bescheiden. Er wird hierdurch von allen gefördert.

15. KIEN / Die Bescheidenheit

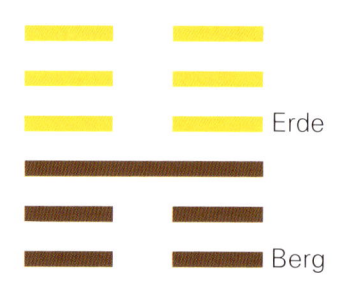

Erde

Berg

Der Berg ist unten und die Erde ist oben. Der Berg hält sein großes Wissen in dieser Konstellation im Hintergrund. Seine Zurückhaltung wird noch verstärkt durch das obere Trigramm „Erde" mit seinen Eigenschaften von Demut und Fügsamkeit. Dieses obere Trigramm bewirkt auch, dass die sonst negativen Eigenschaften des Berges von Habgier und Festhalten nicht zum Tragen kommen. Wer diesen Menschen fragt, bekommt bereitwillig Zugriff auf sein Wissen, ohne dass er es prahlerisch nach außen trägt oder daran festhält.

Eine Persönlichkeit mit diesen Charaktereigenschaften hat sich von vielen innerlichen, familiären und gesellschaftlichen Zwängen befreit und benötigt deshalb nicht mehr den Trieb, seinen Mitmenschen zu gefallen. Er ruht ohne Ansprüche in sich, und deshalb kommt der Erfolg von selbst.

Linie 1 wandelt sich zu Hexagramm 36

Ohne Anspruch die gestellten großen Aufgaben unverzüglich zu erledigen, ist der richtige Weg, damit sich kein Widerstand entwickeln kann. Viele Forderungen verkomplizieren die Situation und machen eine Lösung oft unmöglich.

Linie 2 wandelt sich zu Hexagramm 46

Wer im Inneren seine Bescheidenheit so ausgebildet hat, dass diese sich wie selbstverständlich in seinem äußeren Verhalten zeigt, dessen Wirkung kommt von selbst und kann von niemandem genommen werden.

Linie 3 wandelt sich zu Hexagramm 2

Diese bescheidene und fleißige Persönlichkeit erreicht durch seine demütige Haltung einen beachtlichen Erfolg. Wenn ihn dieses Empordringen nicht hochmütig macht, bekommt er Mitstreiter, mit denen er die Aufgabe vollenden kann.

Linie 4 wandelt sich zu Hexagramm 62

Dieser Mensch erledigt mit großem Pflichtbewusstsein sorgfältig seine Arbeit, ohne nach Belohnung zu schielen. Doch sollte er bei aller Bescheidenheit seine Werte nicht aus den Augen verlieren. Denn man kann es mit der Bescheidenheit auch übertreiben!

Linie 5 wandelt sich zu Hexagramm 39

Dieser wahrhaftig Bescheidende in hoher Position muss manchmal kraftvoll durchgreifen, ohne zu verletzen. Seine Aufgabe ist es, die notwendige Disziplin mit Sachlichkeit wiederherzustellen, ohne seine persönliche Macht in den Vordergrund zu stellen.

Linie 6 wandelt sich zu Hexagramm 52

Wahre Bescheidenheit zeigt sich nicht durch Selbstmitleid, sondern dadurch, dass sie mit großer Energie und Mut die Unordnung wieder zur Ordnung zurückführt. Zuerst bei der eigenen Person und den Vertrauten, bevor dann „im Außen" die Ordnung wiederhergestellt wird.

16. YU / Die Begeisterung

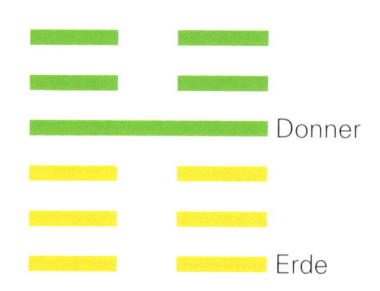

Donner

Erde

Diese Begeisterung ist im Wortsinn geerdet durch das untere Zeichen „Erde", welches für Hingabe und Fürsorge steht. Der obere Donner ist in dieser Konstellation durch die Fügsamkeit der Erde rücksichtsvoller und geht auf die Bedürfnisse der Menschen ein. Die einzige Yanglinie spricht aus dem Herzen und zeigt gleichzeitig Demut, da ansonsten keine Yangenergie vorhanden ist. Wer seine Ideen so begeistert vertritt, dem schließen wir uns von Herzen gerne an.

Menschen, die ehrliche Begeisterung erzeugen, können viele Personen zu einem gemeinsamen Ziel vereinen. Sei es in der Familie, im Unternehmen oder im Staat. Die Begeisterung sollte absichtslos sein. Berechnende Begeisterung führt zum Fanatismus, und da gibt es in der Geschichte genügend unrühmliche Beispiele.

Linie 1 wandelt sich zu Hexagramm 51

Eine nicht gefestigte Persönlichkeit prahlt über ihre „guten" Verbindungen zu Menschen in hohen Positionen. Dieses ich-zentrierte Verhalten führt ihn ins Unglück. Begeisterung sollte die Menschen verbinden und nicht trennen.

Linie 2 wandelt sich zu Hexagramm 40

Dieser Mensch hat einen klaren Standpunkt. Er bleibt sich immer treu, er redet den machtvollen Menschen nicht nach dem Mund und behandelt die machtlosen Menschen nicht herablassend. Diese Einstellung schafft dauerhaft Vertrauen und Beständigkeit auf allen Ebenen. Falscher Begeisterung entzieht er sich.

Linie 3 wandelt sich zu Hexagramm 62

Wir blicken mit abhängiger Begeisterung zu höherstehenden Menschen auf. Wir sollten zum richtigen Zeitpunkt handeln, sonst verpassen wir eine einmalige Gelegenheit der Weiterentwicklung und verlieren zunehmend unsere Selbstständigkeit.

Linie 4 wandelt sich zu Hexagramm 2

Dieser selbstsichere, freiheitsliebende Mensch hat lange an seiner Persönlichkeitsentwicklung gearbeitet. Deshalb versammelt er sehr leicht Menschen um sich, die ihm vertrauen und sich bei ihm sicher fühlen. Dies schafft eine solide Basis für erfolgreiches gemeinsames Handeln.

Linie 5 wandelt sich zu Hexagramm 45

Ständige Belastungen lassen keine Begeisterung aufkommen. Dies hat trotz der schwierigen Lage sein Gutes, denn man vergeudet seine Kräfte nicht und kann dafür sorgen, dass man sich nicht gänzlich verausgabt.

Linie 6 wandelt sich zu Hexagramm 35

Wir lassen uns zur „falschen" Begeisterung mitreißen und treffen unüberlegt eine fehlerhafte Entscheidung. Es entsteht kein großer Schaden, wenn wir uns durch ruhige Einsicht ändern.

17. SUI / Die Nachfolge

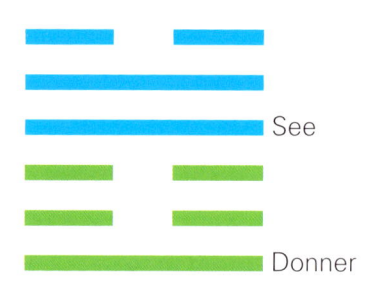

See

Donner

Der Donner, unser Wille, lässt dem heiteren Trigramm See den Vortritt. Das Temperamentvolle ordnet sich der Gelassenheit und Unbeschwertheit unter.
Wenn wir unseren Willen in den Vordergrund stellen, lösen wir bei unseren Mitmenschen oft Widerstand aus. Paaren wir dieses Kraftvolle mit ernsthafter Heiterkeit, so erleichtern wir es den Zuhörern, unsere Ideen und Gedanken ohne Druck zu betrachten. Insgesamt steht dieses Zeichen dafür, dass wir durch Anpassung in schwierigen Zeiten oft mehr erreichen können, als durch die massive Durchsetzung unseres Willens.
Dieses Vorgehensweise löst eine allmähliche Entwicklung aus, durch die wir dauerhaften Erfolg erzielen können.

Linie 1 wandelt sich zu Hexagramm 45
Wer wahrhaftig führen will, muss sich führen lassen. Es geht darum, sich in einem vertrauensvollen Klima andere Ansichten anzuhören, gleichgültig, ob einem diese Menschen wohlgesonnen sind oder nicht. Bei Einsicht sollte man diese Erkenntnisse auch annehmen, sogar dann, wenn diese Aussagen von einem Feind kommen!

Linie 2 wandelt sich zu Hexagramm 58
Jeden zum Freund haben zu wollen bedeutet, sich die Möglichkeit zu verbauen, sich mit förderlichen und guten Menschen dauerhaft zu verbinden. In der Auswahl von Freunden sollten wir vorsichtig sein, da sie unseren Charakter beeinflussen.

Linie 3 wandelt sich zu Hexagramm 49
Wenn ich mich für eine Richtung mit mir förderlichen Menschen entschieden habe, dann muss ich in meiner Entscheidung festbleiben und mich von unpassenden Menschen trennen. Denn ohne etwas aufzugeben kann es dauerhaft keinen Gewinn geben.

Linie 4 wandelt sich zu Hexagramm 3
Wir besitzen eine Machtposition. Das führt dazu, dass sich unehrliche Menschen uns anschließen möchten, weil sie sich dadurch einen Vorteil erhoffen. Wenn man in seiner Mitte weilt, erkennt man diese unterwürfigen Motive und sie können einem nicht mehr schaden.

Linie 5 wandelt sich zu Hexagramm 51
Wenn Du ein für Dich förderliches Lebensziel hast, folge ihm wie einem erfahrenen Führer, dann wirst du reichlich beschenkt.

Linie 6 wandelt sich zu Hexagramm 25
Ein sehr wissender Mensch hat sich aus seinem Tätigkeitsfeld zurückgezogen. Ein freudiger, begeisterter Schüler unterwirft sich seiner Leitung und verbindet das Wissen seines Lehrers mit seinem und transportiert diese Einheit in die Welt.

18. GU / Die Arbeit am Verdorbenen

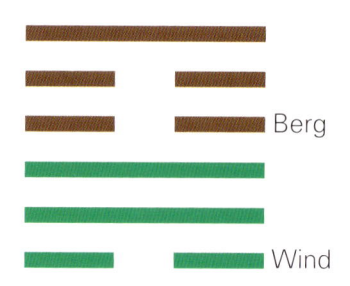

Berg

Wind

Diese beiden Trigramme stehen wider die Natur. Der Berg sollte unten sein und der Wind darüber wehen, dann hätte wir das Zeichen „53. Die allmähliche Entwicklung". Dieser Wind hängt aber träge am Berg, und der Berg unterstützt mit seiner Masse diese Trägheit noch, was zur Starrheit führt. Hier ist einiges durch Menschenhand aus der Ordnung geraten. Es heißt „Die Arbeit am Verdorbenen" und deutet darauf hin, dass wir die gemachten Fehler korrigieren können. Natürlich weist dies auf eine Menge Arbeit hin. Wenn wir diese Arbeit korrekt erledigen, wartet am Ende eine große Belohnung, die auf der sechsten Linie näher beschrieben wird.

Das Ziel der Arbeit am Verdorbenen ist es, die negativen Eigenschaften in uns zu korrigieren, damit sich unsere ursprünglichen Talente frei entfalten können. Dieses Verdorbene kommt unter anderem von den Erziehungsfehlern der Eltern. Es geht nicht darum, den Eltern Vorwürfe zu machen. Nur ist die Wahrscheinlichkeit groß, dass es zu Missstimmungen kommt, weil die Eltern mit der Entwicklung „ihres" Kindes nicht einverstanden sind und im Unbewussten an ihre Fehler erinnert werden.

Linie 1 wandelt sich zu Hexagramm 26

Das „Verdorbene" steht noch am Anfang, wir sollten es jetzt konsequent beseitigen, damit kein weiterer Schaden entsteht. Wer dieser Entwicklung nicht mit großem Ernst entgegentritt, wird erleben, wie das Verdorbene immer mächtiger wird.

Linie 2 wandelt sich zu Hexagramm 52

Das Verdorbene konnte nur durch mangelndes Vertrauen entstehen. Wie eine Mutter, die aus Unsicherheit ihr Kind falsch erzieht. Vertrauen ist eine zarte Pflanze, deshalb sollte man diese Fehler sehr vorsichtig korrigieren, da die Verursacher (z.B. die Mutter, der Vater) sehr leicht verletzbar sind.

Linie 3 wandelt sich zu Hexagramm 4

Mit Zorn werden hier die vergangenen Fehler korrigiert. Das führt zu einigen Konflikten. Doch der Weg ist korrekt, da eine „zornige" Lösung der Probleme besser ist, als beim Verdorbenen zu verweilen. Den verständlichen Ärger und die daraus entstehenden kleinen Nachteile sollte man mit Gelassenheit ertragen.

Linie 4 wandelt sich zu Hexagramm 50

Seine Probleme kennt man genau. Die Trägheit hat die Führung übernommen, wenn es so weitergeht, werden wir immer weiter ins Verdorbene geraten. Da hilft nur Aufraffen, um die Trägheit der Masse zu überwinden.

Linie 5 wandelt sich zu Hexagramm 57

Verdorbenes hat sich durch große Trägheit lange angehäuft, alleine können wir nicht mehr damit umgehen. Mit einem erfahrenen Unterstützer schaffen wir eine Reform. Für einen korrekten Neuanfang ist die rechte Zeit noch nicht gekommen.

Linie 6 wandelt sich zu Hexagramm 46

Lange Zeit haben wir an unseren alten Fehlern gearbeitet. Wir sind zu einer unabhängigen, autarken Persönlichkeit gereift. Jetzt können wir mit diesen Erfahrungen andere unterstützen, um ihr Verdorbenes aufzuarbeiten. Das führt zu großem Erfolg für alle.

19. LIN / Die Annäherung

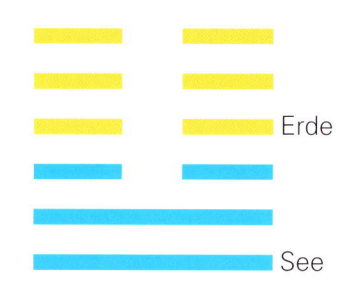

Erde

See

Der See, das Heitere, steht unten und das Empfangende, die offene Erde, steht oben. So geschieht Annäherung am leichtesten wenn wir von innen heraus Heiterkeit und Lebensmut ausstrahlen und den Menschen ohne Vorurteile begegnen können. Wer wird sich einem solchen Menschen noch verschließen können / wollen?

Die Annäherung deutet darauf hin, dass unser persönlicher Frühling zurückkehrt und große Wachstumsmöglichkeiten bestehen, wenn wir uns ohne Vorurteile und eigene Vorteilnahme den Menschen in unserer Umgebung nähern.

Linie 1 wandelt sich zu Hexagramm 7

Menschen, die etwas bewirken wollen, werden aufgefordert, ihre Fähigkeiten einzusetzen. Sinnvoll ist es, diesem Ruf zu folgen und gleichzeitig bei seinen Werten zu bleiben.

Linie 2 wandelt sich zu Hexagramm 24

Annäherung von allen Seiten. Sich treu zu bleiben fällt in dieser Situation leicht, und dass jedem Empordringen irgendwann ein Ende gesetzt wird, wissen wir sowieso. Die Zukunft zeigt sich nun von der sonnigen Seite.

Linie 3 wandelt sich zu Hexagramm 11

Leicht und gut geht es voran. Wir kommen schnell nach oben. Diese Leichtigkeit kann dazu führen, dass wir nicht mehr sorgfältig arbeiten. Erkennt man diesen Fehler und kehrt um, entsteht keine Gefahr.

Linie 4 wandelt sich zu Hexagramm 54

Ein Mensch in gehobener Position erkennt die Fähigkeiten eines tüchtigen, aber unbekannten Menschen und fördert ihn im höchsten Maße.

Linie 5 wandelt sich zu Hexagramm 60

Ein weiser Führer besitzt die große Fähigkeit, die besten Menschen für sich zu gewinnen. Da er sie in ihren Arbeitsfeldern frei entscheiden lässt, wird der Erfolg immer größer.

Linie 6 wandelt sich zu Hexagramm 41

Ein weiser Mensch hat sich aus dem aktiven Leben zurückgezogen. Er kehrt nochmals zurück, um gütig sein Wissen zum Nutzen aller weiterzugeben.

20. GUAN / Die Betrachtung

Wind

Erde

Die Erde nimmt alles hin und bewertet nichts. Der Wind kommt überall hin, schaut sich die Erde von oben an und weiß aufgrund seiner vielfältigen Erfahrungen, dass es mehr Möglichkeiten gibt, als sich viele Menschen vorstellen können. Beiden Zeichen gleich ist, dass sie nicht bewerten, sondern die Dinge so nehmen, wie sie sind. In dieser Zusammensetzung die ideale Kombination für die Betrachtung. Es geht darum, ohne Emotionen und Ego die Dinge in ihrer Wirklichkeit zu sehen. Eine schwierige Aufgabe, die sehr große menschliche Reife und Erfahrung voraussetzt.

Menschen mit diesen Fähigkeiten sind durch viele Lebensschwierigkeiten gestärkt worden und können deshalb Personen und Situationen vorurteilsfrei betrachten.

Linie 1 wandelt sich zu Hexagramm 42

Die Handlungen eines erfahrenen Menschen werden von den Unwissenden nicht verstanden, obgleich die Unwissenden davon großen Nutzen haben. Für einen Wissenden wäre dieses Verhalten eine Schande, er betrachtet die Wirkungen und versucht die Ursachen zu ergründen.

Linie 2 wandelt sich zu Hexagramm 59

Wer unfähig ist, sich in die Welt der anderen Menschen hineinzuversetzen, der versteht deren Beweggründe nicht. Eine solche subjektive Betrachtungsweise führt zu vielen Missverständnissen. Es geht darum, seinen Blickwinkel zu erweitern.

Linie 3 wandelt sich zu Hexagramm 53

Von innen heraus die Wirkungen betrachten, die wir erzielt haben. Hierdurch können wir entscheiden, ob wir weiter voran gehen oder ob es besser ist, sich zurückzuziehen.

Linie 4 wandelt sich zu Hexagramm 12

Dieser Mensch kennt die Regeln für gesundes Wachstum. Wir sollten ihm alle Freiheiten im Handeln geben und ihm eine gute, unabhängige Position erschaffen.

Linie 5 wandelt sich zu Hexagramm 23

Wenn wir eine hohe, verantwortungsvolle Position innehaben, sind wir innerlich verpflichtet, immer wieder zu prüfen, ob wir rechtens handeln. Wenn diese betrachteten Wirkungen gut sind, führt dies zu innerem Frieden.

Linie 6 wandelt sich zu Hexagramm 8

An dieser Stelle hat sich das „Ich" aufgelöst. Man betrachtet alles in Einheit. Vielleicht schwer zu verstehen. Kleiner Tipp: Denken Sie an Ihre Träume, da passiert so etwas öfter.

21. SCHI HO / Das Durchbeißen

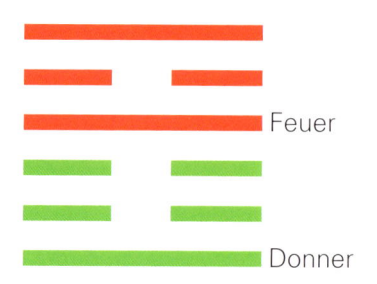

Feuer

Donner

Der Donner ist unten, das Feuer ist oben. Die Impulsivität des Donners kann sich nicht entfalten, denn sie wird durch das obere Feuer gehemmt. Durchbeißen muss man in diesem Zeichen die hartherzige vierte Linie (Herzebene), denn nur mit einem Yin auf dieser Ebene können wir wieder wohlwollend Kontakt zu den Menschen aufnehmen. Wenn das Feuer unten wäre und der Donner oben, hätten wir ein sehr energievolles Zeichen (55. Die Fülle), und es wäre stimmig gemäß dem Vorhandensein in der Natur.

Dieses Zeichen ist dem Strafprozess zugeordnet und spricht von demjenigen, der bestraft wird, und auch von dem, der die Strafe verhängt.

Linie 1 wandelt sich zu Hexagramm 35
Hier erhält jemand nach dem ersten Fehltritt sofort seine Bestrafung. Diese Warnung soll ihn auf den rechten Weg zurückbringen.

Linie 2 wandelt sich zu Hexagramm 38
Die Situation ist ziemlich klar, doch fehlt auf der Seite des Bestraften die Einsicht. Dies führt beim Ausführer der Bestrafung zu großer emotionaler Erregung. Es ist jedoch kein allzu großer Fehler, da die Strafe angemessen ist.

Linie 3 wandelt sich zu Hexagramm 30
Hier fehlt dem Ausführenden der Bestrafung die notwendige Autorität, deshalb wehrt sich der Sünder, und es kommt zu einer giftigen Auseinandersetzung über die lang zurückliegende Strafsache. Da die Bestrafung rechtens war, bekommt der Ausführende keinen Ärger.

Linie 4 wandelt sich zu Hexagramm 27
Eine große Aufgabe für einen klaren, weisen Menschen. Er soll mächtige Menschen bestrafen, dies erfordert seine ganze Kraft. Er muss geradlinig sein und gleichzeitig eine klare Härte besitzen. Dies wird zum Erfolg führen.

Linie 5 wandelt sich zu Hexagramm 25
Über die richtige Entscheidung gibt es keinen Zweifel, doch hier neigt man zur Weichheit. Jetzt ist es wichtig, ohne Wertung aus seiner Mitte zu handeln und sich nicht von seinen Mitleidsgefühlen lenken zu lassen.

Linie 6 wandelt sich zu Hexagramm 51
Ein verstockter, uneinsichtiger Mensch, der nicht mehr spürt, wie er andere verletzt. Sein exzessives Verhalten führt ihn immer tiefer ins Unglück. Wenn er nicht zur Einsicht kommt, wird sein Leben leider jämmerlich enden.

22. BI / Die Anmut

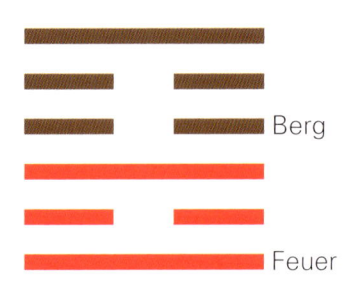

Berg

Feuer

Manche Menschen staunen, dass sogar ein Zeichen für Schönheit im I Ging existiert. Wenn das I Ging wirklich alle Lebensprozesse erklärt, dann darf natürlich auch die Anmut nicht fehlen. Das Feuer steht unten und der Berg befindet sich oben. Der Berg steht für unseren Körper und wird durch das innere Feuer erleuchtet, dies ist die natürliche Anmut, weil wahre Schönheit von innen kommt.

Wenn wir unsere inneren Probleme lösen, dann kann das Feuer richtig leuchten. Solche Menschen haben strahlende Augen und natürliche, anmutige Körperbewegungen, sie haben sich von ihren alten inneren Verletzungen befreit. In diesem Zeichen steckt auch Kritik über die oberflächliche Art von Schönheit, welche die wahren Probleme kaschieren soll.

Linie 1 wandelt sich zu Hexagramm 52

Es bietet sich die Chance zu einer Erleichterung. Doch wir nehmen sie nicht an, da es nicht der korrekte Weg wäre. Wir akzeptieren bereitwillig unsere niedrige Position.

Linie 2 wandelt sich zu Hexagramm 26

Hier wird auf die äußere Schönheit mehr Wert gelegt als auf die innere. Dies führt zu nichts, außer zur Erhöhung der Eitelkeit.

Linie 3 wandelt sich zu Hexagramm 27

Wir führen ein sehr schönes und anmutiges Leben. Es besteht die Gefahr sich darin einzurichten und dass träge Gewohnheiten die Macht übernehmen. Gerade in solchen Lebensphasen sollten wir klare Prinzipien haben und uns an diese halten.

Linie 4 wandelt sich zu Hexagramm 30

Sich von den äußeren Schönheiten berauschen lassen oder wieder in die Schlichtheit gehen! Dieses Zaudern gibt den Hinweis. Es naht die Antwort durch die tiefe Verbindung zu einem guten Freund.

Linie 5 wandelt sich zu Hexagramm 37

Rückzug von Menschen, die ihr Leben nur der Konsum- und Glitzerwelt verschrieben haben, hin zum Alleinsein. Dieses macht frei und man findet einen wertvollen Menschen, dessen Freundschaft man sucht. Die Mitbringsel sind gering - was gleichgültig ist, denn die inneren Werte stimmen, was zum Erfolg führt.

Linie 6 wandelt sich zu Hexagramm 36

Kein äußerer Schmuck ist mehr notwendig. Wahre Anmut braucht keine Schönheitshelfer. Sie wirkt wahrhaftig und leuchtet von innen heraus.

23. BO / Die Zersplitterung

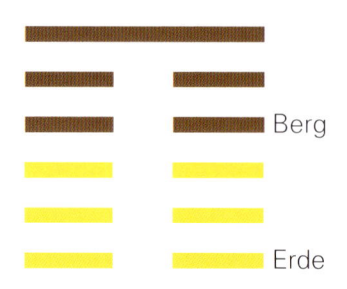

Berg

Erde

Unten die weiche Erde und oben der harte Berg. Der Berg steht auf wackeligem Grund. In den alten Texten spricht man von einem maroden Haus, wo nur noch der Firstbalken alles zusammenhält. Der letzte Yangstrich muss zersplittern, bevor etwas Neues beginnen kann. Dieses Zeichen gehört im I Ging auf den ersten Blick zu den grausamen Zeichen, da alles kaputtgeht. Und doch hat dieser Zerstörungsprozess seine Berechtigung. Genau wie die Fruchtblase beim Fötus zerplatzen muss und dadurch ein Kind ganz in unsere Welt kommt, oder die Schale einer Nuss zersplittern muss, damit wir an die Frucht herankommen.

Betrachten Sie Ihre vergangenen schweren Lebenssituationen, wie ist es weitergegangen nach einer schweren Krankheit oder nach einer nicht gewollten Trennung? Erst viel Dunkelheit und Angst und dann irgendwann beginnt etwas Neues, oft sogar etwas unerwartet Schönes. Deshalb sollten wir Mut haben und unsere nicht förderlichen Lebenssituationen korrekt beenden, damit etwas Neues entstehen kann.

Linie 1 wandelt sich zu Hexagramm 27
Das Vertrauen wird hinter unserem Rücken untergraben. Es werden Fehler im Verborgenen akribisch gesucht. Die Mitstreiter werden durch Intrigen entfernt. Der Zerfall beginnt, und wir können nichts unternehmen.

Linie 2 wandelt sich zu Hexagramm 4
Nachdem man jetzt alleinsteht, wächst die Gefahr und man ist von allen hilfreichen Möglichkeiten abgeschnitten. Jetzt sollte man sehr vorsichtig sein und der Gefahr ausweichen. Wenn wir hartnäckig unsere Position weitervertreten, werden wir daran zerbrechen.

Linie 3 wandelt sich zu Hexagramm 52
Durch die Beziehung zu einem guten Freund halten wir es in dieser schlimmen Situation aus, obgleich hierdurch zu den Nahestehenden Entfremdung entsteht.

Linie 4 wandelt sich zu Hexagramm 35
Die Zerstörung erreicht ihren Höhepunkt. Sie erreicht unseren Körper und unser Herz. Jetzt lassen sich die Folgen nicht mehr vermeiden.

Linie 5 wandelt sich zu Hexagramm 20
Die Destruktiven ordnen sich freiwillig den Konstruktiven unter – alles geht gut.

Linie 6 wandelt sich zu Hexagramm 2
Mehr kann nicht mehr zerstört werden. Der, der an seiner persönlichen Entwicklung lange gearbeitet hat, bekommt großen Lohn für den Neuanfang. Der, der nicht an seinen Fehlern gearbeitet hat, erhält große Nachteile für den Neuanfang.

24. FU / Die Wiederkehr

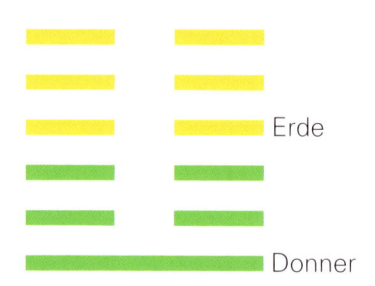

```
▬▬    ▬▬
▬▬    ▬▬
▬▬    ▬▬  Erde
▬▬▬▬▬▬▬▬
▬▬▬▬▬▬▬▬
▬▬▬▬▬▬▬▬  Donner
```

Dieses Zeichen läutet die Wintersonnenwende ein. Es wird wieder heller, die Yangkraft wird langsam stärker, was besonders durch den ersten Yangstrich in diesem Zeichen symbolisiert wird. Noch ist die Kraft nicht nach außen sichtbar, sie befindet sich noch verborgen unter der Erde. Der Donner symbolisiert auch ein neues Samenkorn, was am Beginn seiner Entfaltung steht. Es ist die Wendezeit, der Beginn neuen Lebens. So wie wir Menschen auch nach der Durchschreitung eines tiefen Tales (Krankheit, Tod eines geliebten Menschen, Scheidung, Arbeitsplatzverlust) wiederkehren und die aufsteigende Kraft wieder in uns spüren. Da sich alles in aufsteigender Energie befindet, kommt alles ohne Anstrengung von selbst. Nur ein unruhiges Drängen würde Schaden anrichten.

Dieses Zeichen kann nur seine volle Kraft entwickeln, wenn wir uns im vorherigen Winter körperlich, seelisch und geistig vollständig erholt haben.

Linie 1 wandelt sich zu Hexagramm 2

Wir Menschen sind nicht perfekt, und deshalb weichen wir immer wieder etwas vom korrekten Weg ab. Wenn wir dies erkennen und unverzüglich korrigieren, entsteht kein Schaden.

Linie 2 wandelt sich zu Hexagramm 19

Wer eine naturgemäße Entwicklung nach der Wiederkehr wünscht, sollte sich selbst disziplinieren und sich nach guten Vorbildern richten.

Linie 3 wandelt sich zu Hexagramm 36

Manche Menschen verlieren ihre Werte immer wieder aus den Augen. Sie müssen sich immer wieder korrigieren. Hierdurch besteht die Chance, dass sich die negativen Elemente nicht verfestigen und vielleicht sogar eine dauerhafte Korrektur möglich wird.

Linie 4 wandelt sich zu Hexagramm 51

Wir befinden uns in einer Gemeinschaft von Menschen, die uns nicht guttun. Sich abzukehren und alleine weiterzugehen trägt den Erfolg in sich. Gestärkt werden wir durch eine Herzensverbindung zu einer guten und starken Persönlichkeit.

Linie 5 wandelt sich zu Hexagramm 3

Die große Wiederkehr findet statt. Gemachte Fehler sollten wir ehrlich und offen zugeben. Dies führt zu großem Glück.

Linie 6 wandelt sich zu Hexagramm 27

Wer den Zug der Umkehr verpasst hat, zieht großes Unglück an. Die Situation wird falsch beurteilt aufgrund von innerer Verblendung. Jetzt können wir intensiv unsere Fehler betrachten, da wir lange Zeit in dieser Angelegenheit nichts mehr tun können.

25. WU WANG / Die Unschuld

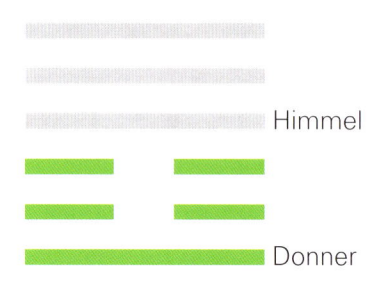

Himmel

Donner

Der junge Donner ohne große Vergangenheit und Vorurteile trifft auf den oben mächtigen stehenden und nicht beeinflussbaren Himmel. Er ist abhängig von ihm. Wenn er seinen Naturgesetzen folgt, wird ihm großes Glück zuteil. Folgt er nicht diesen Gesetzen der Natur, dann zieht er das Unglück an. Wenn wir diesen einfachen klaren Hinweis beachten, dann werden wir erkennen, dass die Unglücke in unserem Leben keine Bedrohung sind, sondern die Wegweiser zu privatem, beruflichem und besonders zu menschlichem Glück. Was uns im Leben passiert, können wir oft nicht beeinflussen. Entscheidend für unser Glück ist, dass wir durch wertfreie Betrachtung und Vertrauen die richtigen Schlüsse für unser Leben und unsere Entwicklung ziehen.

Linie 1 wandelt sich zu Hexagramm 12
Wer auf die ersten Impulse seines Herzens hört, der erfährt großes Glück und erreicht sein Ziel.

Linie 2 wandelt sich zu Hexagramm 10
Seine Arbeit korrekt tun, weil sie getan werden muss, ohne an die Belohnung zu denken, dies ist ein Garant für den Erfolg.

Linie 3 wandelt sich zu Hexagramm 13
Wir haben uns korrekt verhalten, und doch kommt es für uns zu Verlusten und jemand anders erhält einen Vorteil. Wir sollten den Verlust ohne Groll hinnehmen, dann sind wir auf dem rechten natürlichen Weg.

Linie 4 wandelt sich zu Hexagramm 42
Wenn uns wirklich etwas zusteht, dann können wir es nicht verlieren! Es kommt sogar zurück, wenn man es entfernen würde. Wichtig ist die Treue zu sich selbst und nicht die Meinung dritter Personen.

Linie 5 wandelt sich zu Hexagramm 21
Diese seelische Kränkung bessert sich von selbst, ohne dass man eingreifen muss. Man trägt keine Schuld an dieser Situation und sollte daher den Dingen einfach ihren Lauf lassen.

Linie 6 wandelt sich zu Hexagramm 17
Handeln, handeln, handeln will man jetzt, doch damit kommt man in diesem Augenblick nicht mehr voran. Ruhig und ohne Misstrauen zu warten, das ist jetzt die schwere Aufgabe.

26. TSCHU / Des Großen Zähmungskraft

Berg

Himmel

Die gesamte Kraft vom Trigramm Himmel will voran und wird gebremst und nach außen verdeckt durch den Berg, der als Symbol für „Stillhalten" steht. Dies führt dazu, dass sich noch mehr Kraft ansammelt, die zur Bewältigung von großen und gefährlichen Aufgaben genutzt werden kann. Dieses Potenzial sollte man der Öffentlichkeit durch die Übernahme einer verantwortungsvollen Position zur Verfügung stellen, denn wer im Inneren (unteres Trigramm Himmel) die Klarheit hat und sein Wissen (oberes Trigramm Berg) gerne anderen zeigt, der hat die rechten Eigenschaften für eine solche Position.
Durch die lange Zähmung unserer negativen triebhaften Neigungen werden wir in bedeutsamen Aufgaben unbestechlich.

Linie 1 wandelt sich zu Hexagramm 18

Unser Wunsch, sehr schnell Erfolg zu erlangen, wird von unserer Yangenergie gelenkt. Doch wir werden gebremst. Rücknahme dieser Kräfte und das Betrachten der Situation zeigen uns, warum wir an dem Weiterschreiten gehindert werden. Warten und Sammlung, bis der Weg sich von selbst erschließt, das sind die Zeichen der Zeit.

Linie 2 wandelt sich zu Hexagramm 22

Uns sind die Beine gebunden. Das bedeutet, dass ein Vorankommen nicht möglich ist. Es gilt, sich zu fügen, um später mit der noch mehr angesammelten Kraft eine energievolle Weiterentwicklung zu bewirken.

Linie 3 wandelt sich zu Hexagramm 41

Die Hemmung vergeht. Unsere starke Willenskraft führt uns voran. Das Ziel sollten wir immer im Blick haben. Auf der Hut sollten wir im Fortschreiten sein, da plötzlich überraschende Angriffe erfolgen können, die wir abwehren müssen.

Linie 4 wandelt sich zu Hexagramm 14

Es gilt jetzt die eigene noch nicht ausgebrochene Ungestümtheit zu zähmen, damit sie später keinen Schaden anrichtet. Dann werden wir spielerisch die bedeutsamen Lorbeeren ernten.

Linie 5 wandelt sich zu Hexagramm 9

Erkennen, dass das ungestüme Verhalten andere verletzt, führt zum Nachdenken. Durch intensive Ursachenforschung (z.B. seine Wirkung bei den Mitmenschen erfragen) und die Behebung der falschen Beweggründe verliert sich dieses exzessive Verhalten von selbst.

Linie 6 wandelt sich zu Hexagramm 11

Das Ziel wird erreicht durch lange Zähmung unserer inneren Stärke. Die Entfaltung dieser nicht mehr aufzuhaltenden Kraft reißt alle Schranken weg. Die hochstehende Persönlichkeit beeinflusst die Menschen mit ihren Werten und erhält hierdurch große Anerkennung.

27. I / Die Ernährung

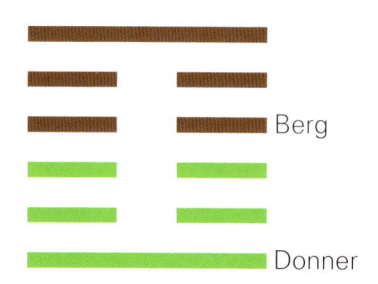

Berg

Donner

Unten der bewegliche Donner. Er steht für unseren beweglichen Unterkiefer. Der unverrückbare Berg oben steht für unseren feststehenden Oberkiefer. Die Yinlinien in der Mitte symbolisieren den offen Mund.

Selbstverständlich geht es bei diesem Zeichen um die Nahrung, die wir in unseren Körper aufnehmen. Dazu gehört aber nicht nur das Essen, sondern auch die Art, wie wir uns mit geistiger Nahrung versorgen. Der Donner unten hat auch die Bedeutung der Gefahr von hemmungsloser Gier, und der Berg oben symbolisiert die Gefahr des Festhaltens von geistigen Erkenntnissen.

Wir können mit der richtigen geistigen und materiellen Nahrung dafür sorgen, in unserem Wesen ausgeglichen zu sein. Es gibt hierzu eine einfache Fragestellung: „Was nährt mich, was nährt mich nicht?" Mit dieser Frage können Sie alles in Ihrem Leben überprüfen - Menschen, materielle oder geistige Dinge. Wichtig ist dabei auch, zu schauen, ob auch Sie andere wirklich nähren. Denn es geht immer um den Ausgleich von Geben und Nehmen. Dauerhafte Einseitigkeit führt zur Ausbeutung, und damit ist langfristig keine sinnvolle Ernährung mehr gewährleistet.

Linie 1 wandelt sich zu Hexagramm 23

Wir haben das Potenzial der selbstständigen Ernährung in uns. Wir verzichten darauf, diese Möglichkeit zu nutzen und schauen mit Missgunst auf Menschen, die mehr besitzen. Dies führt zum Spott der Mitmenschen und bringt uns großes Schaden.

Linie 2 wandelt sich zu Hexagramm 41

Durch innere Erschöpfung fehlt uns die Kraft, selbstständig für Nahrung zu sorgen. Dies führt zur Ruhelosigkeit. Deshalb nimmt man Almosen an. Man weicht hierdurch von seinen Werten ab. Dieses, nicht der eigenen Person entsprechende Verhalten, kann dauerhaft nur ins Unglück führen.

Linie 3 wandelt sich zu Hexagramm 22

Wenn wir nur schwankend und immerzu gierig Nahrung suchen, die uns nicht nährt, so führt dieses zu großem Unglück. Deshalb sollte man von einem solchen Verhalten immer Abstand nehmen, sonst hat man eine lange Durststrecke.

Linie 4 wandelt sich zu Hexagramm 21

Hier will einer sein Potenzial nach außen bringen. Er sucht deshalb fähige Mitstreiter, weil er seinen Plan nicht alleine durchführen kann. Da er etwas für die gesamte Gemeinschaft erreichen möchte, gelingt es ihm, die richtigen Menschen zu finden.

Linie 5 wandelt sich zu Hexagramm 42

Die Erkenntnis, dass einem Fähigkeiten fehlen, selbstständig für die Anvertrauten zu sorgen, führt dazu, andere Möglichkeiten zu suchen. Wir sollten uns Unterstützung von einem weisen und bescheidenen Menschen geben lassen. Bei der Bewältigung ist es ratsam, hilfreich im Hintergrund zu bleiben und nichts unbedacht zu tun.

Linie 6 wandelt sich zu Hexagramm 24
Hier kann sich einer mit großer Weisheit um die Ernährung der anderen kümmern. Wenn man sich der machtvollen Stellung bewusst ist, kann man viele schwere Aufgaben bewältigen. Dies bringt dauerhaft gute Nahrung und Zufriedenheit für alle.

28. DA GO / Des Großen Übergewicht

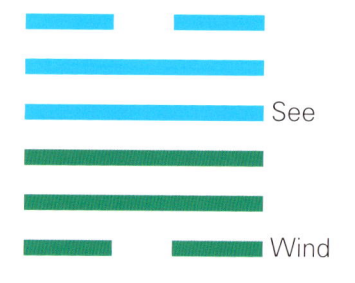

See

Wind

Unten der Wind und oben der See, hier ist die Natur in ihrer Stellung aus dem Gleichgewicht geraten. Der Wind steht hier symbolhaft für einen alten, gut gewurzelten Baum, der einsam mitten im übergelaufenen See steht. Dies deutet die große Belastung an. Der See, das Symbol für die Heiterkeit, möchte uns zeigen, dass wir in der größten Not die Hoffnung behalten, dass auch dieses Unglück vorübergeht.

Wir lasten uns im Leben oft zu viel auf, wollen alles alleine machen und wundern uns dann, wenn wir unter dieser großen Belastung zusammenbrechen.

Krankheit oder Unfälle bremsen uns, damit wir endlich wieder zur Ruhe kommen. Ignorieren wir diese Zeichen, dann wird es immer schlimmer. Dann kommen oft Schäden, die nicht mehr reparabel sind. Wir haben dann die Achtsamkeit für uns verloren.

Linie 1 wandelt sich zu Hexagramm 43

In schwierigen Phasen etwas Neues erfolgreich zu beginnen, gelingt nur mit großer Achtsamkeit und doppelter Vorsicht. Dies erscheint auf den ersten Blick sehr pingelig, und doch liegt hier das entscheidende Fundament für den Erfolg.

Linie 2 wandelt sich zu Hexagramm 31

Wir bekommen durch einen jüngeren Menschen neue Lebenskraft. Dies hilft uns sehr, das Leben wieder von seiner vitalen Seite zu nehmen. In unruhigen Zeiten sollten sich die Mächtigen zum Volk wenden, das bringt große Wirkung.

Linie 3 wandelt sich zu Hexagramm 47

Hier will eine mächtige Person, die nicht offen für die Meinung der anderen ist, energisch und ohne Rücksicht durchgreifen. Durch dieses Verhalten wenden sich die anderen ab, dadurch wird der Zerfall beschleunigt.

Linie 4 wandelt sich zu Hexagramm 48

Ein hochstehender Mensch bekommt die Situation in den Griff durch die wertschätzende Beziehung zu Menschen, die unter ihm stehen. Sollte er diese Situation zum persönlichen Vorteil nutzen, so kommt Schande über ihn.

Linie 5 wandelt sich zu Hexagramm 32

Mitten in der großen Überlastung versuchen wir, etwas Neues anzufangen. Dies führt zu einer kurzen Belebung und erschöpft unsere geringen Ressourcen noch mehr. Fortschritt, wie wir es uns erhofft haben, bedeutet es nicht.

Linie 6 wandelt sich zu Hexagramm 44

Das Wasser steigt einem über den Kopf. Wir sind voller Tatendrang und wollen die anstehenden schweren Probleme auf jeden Fall lösen. Man begibt sich hierdurch in gefährliche Situationen und riskiert sogar für diese sinnvolle Angelegenheit sein Leben oder den Verlust eines Projektes.
Der Originaltext im I Ging meint dazu: "Es gibt Wichtigeres als das Leben."

29. KAN / Das Abgründige, das Wasser

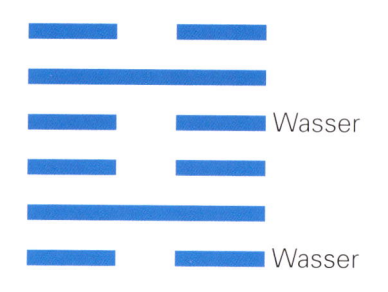

Wasser

Wasser

Dieses Doppelzeichen Wasser ist ein sehr stark fließendes Wasser. Es kommt oben vom Berg. Den Berg sehen wir versteckt auf den Linien 3, 4 und 5. Dieses stark strömende Wasser reißt uns mit, und wir können uns aufgrund der Masse und der Geschwindigkeit nicht dagegen wehren.

Plötzliche dramatische Veränderungen im Leben kennzeichen dieses Hexagramm. Sei es der Tod eines geliebten Menschen, der Verlust des Arbeitsplatzes, eine schwere Krankheit oder die Einbuße der gesamten finanziellen Existenz. Menschliche Hinterlist und Rücksichtslosigkeit gehören auch zu diesem Zeichen. Wenn wir mit dem Herzen offenbleiben, können wir die gefährliche Situation überwinden.

Wenn wir dem sinnvollen Lebensprinzip des Wassers folgen, so gehen wir bewusst und vorbereitet (nicht leichtsinnig) in die notwendige Gefahr und lösen diese Gefahr mit der Kreativität des Wasser, das auch die noch so kleinste Möglichkeit wahrnimmt (es geht durch jeden Riss), um sein Ziel zu erreichen. Viele Katastrophen können wir durch die richtige Einstellung verhindern, mildern oder daraus für die Zukunft lernen. Wichtig ist, sich in Zeiten der Gefahr nicht an diese zu gewöhnen. Denn dies führt zur Trägheit und Willenlosigkeit mit der Folge, die gefährlichen Situation nicht wirklich ändern zu wollen.

Linie 1 wandelt sich zu Hexagramm 60

Wenn wir uns an eine gefährliche Situation gewöhnen, nehmen wir die Gefahren nicht mehr wahr und verlieren unsere natürliche Vorsicht. Durch diesen leichtsinnigen Charakterzug öffnen wir dem Unglück die Tür, und es wird schwer, wieder auf den rechten Weg zu kommen.

Linie 2 wandelt sich zu Hexagramm 8

Wir stecken in einer sehr bedrohlichen Lage und wollen die gefährliche Situation mit einem einmaligen Befreiungsschlag sofort lösen. In dieser Zeit sollte man zufrieden sein, wenn man von der Gefahr nicht überrollt wird. Die Befreiung kommt langsam, aber mit Gewissheit, wenn wir uns nicht vorher aufzehren.

Linie 3 wandelt sich zu Hexagramm 48

Diese Lage ist ziemlich mies. Egal, welchen Schritt wir gehen, wir begeben uns ins Abgründige. Jetzt sollte man sich nicht bewegen und innehalten. Durch ruhiges Abwarten (fällt nicht leicht, ich weiß) zeigt sich die Lösung von selbst.

Linie 4 wandelt sich zu Hexagramm 47

Gefahrzeiten reduzieren alles auf das Wesentliche. Die innere Haltung hat bei Kontakten zu wichtigen Personen mehr Bedeutung als Äußerlichkeiten. Man kann nur wenig anbieten. Doch dies ist nicht bedeutsam, wenn wir aufrichtig sind.

Linie 5 wandelt sich zu Hexagramm 7

Abgründiges entsteht dadurch, dass man zu weit empordringen will. Hohe Ziele können wir in der jetzigen Zeit nicht erreichen. Wir sollten uns damit zufriedengeben, der Bedrohung ohne Kampf und mit geringer Gegenkraft zu entkommen. Wir sollten bei unseren aufrichtigen Motiven bleiben, dann wird zu einem späteren Zeitpunkt die Lösung kommen.

Linie 6 wandelt sich zu Hexagramm 59

Wir sind wie inmitten einer Dornenhecke und versuchen, durch energisches Handeln herauszukommen. Das führt uns tiefer in die Verstrickungen. Ganz ruhiges Verhalten, Hilfe von guten Spezialisten und viel Geduld sind jetzt angesagt.

30. LI / Das Haftende

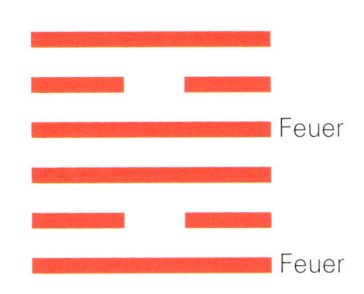

Feuer

Feuer

Dieses Doppelfeuer bringt uns viele Erkenntnisse und Licht in bisher unklare Angelegenheiten. Bedeutsam ist es, mit seinem Brennmaterial (z.B. unserer Motivation) zielgerichtet umzugehen, damit wir uns nicht sinnlos verzehren. Wenn wir sorgfältig unser inneres Feuer hüten, dann ist die Gefahr, sich aus Leidenschaft zu verbrennen oder einen Burnout zu erleiden, gering. Burnout ist im Übrigen kein Mangel an Feuer, wie oft formuliert wird, sondern fehlendes Holz (Motivation).

Große Überlastungen können entstehen, wenn wir auf einmal zu viel tun wollen und/oder unser Feuer nicht zielgerichtet einsetzen, also an allem haften, was uns begegnet.

Linie 1 wandelt sich zu Hexagramm 56

Hektische Betriebsamkeit mit vielen Informationen am Beginn von etwas Neuem. Wer in sich ruht, der lässt sich nicht mitreißen. Dadurch wird man fähig, die bedeutsamen Informationen herauszufiltern. Hierdurch schafft man ein solides Fundament für die zukünftige Arbeit.

Linie 2 wandelt sich zu Hexagramm 14

Das Geheimnis eines erfolgreichen Lebens ist, in seiner Mitte zu bleiben. Wenn ich am äußeren Rand eines Karussells mitfahre, kämpfe ich mit den Zentrifugalkräften und kann mich nicht mit anderen Dingen beschäftigen. Wenn ich in der Mitte des Karussells bin, ist die Bewegung wesentlich geringer, und ich habe den Überblick, kann betrachten und in Ruhe entscheiden.

Linie 3 wandelt sich zu Hexagramm 21
Wenn das Leben oder ein Teilabschnitt zu Ende geht, reagieren die meisten Menschen mit Trauer oder betäuben sich mit maßlosem Trinken und üppigen Speisen, wodurch sie Körper, Seele und Geist schädigen. Der weise Mensch pflegt Körper, Seele und Geist und freut sich des Lebens aus der Mitte heraus. Er ändert, was er ändern kann, und akzeptiert alles andere.

Linie 4 wandelt sich zu Hexagramm 22
Ein nicht gefestigter Mensch kommt sehr schnell in eine hohe Position. Er ist unfähig, dauerhaft einzuwirken und ist deshalb wie ein Strohfeuer, das schnell hell brennt und genauso schnell verglimmt.

Linie 5 wandelt sich zu Hexagramm 13
Wir stehen auf dem Zenit. Wenn man jetzt nicht aufpasst, wird man verbrennen. Weinen und Klagen führen in der Folge zur Erkenntnis, dass man sich sinnlos Sorgen macht. Hierdurch kommt es zu einer fundamentalen Lebenswende.

Linie 6 wandelt sich zu Hexagramm 55
Strafe sollte niemals der blinden Machtausübung dienen, sondern eine grundlegende falsche Entwicklung unterbinden. Dabei sollte man die kleinen Übertritte großzügig übersehen. Genauso gilt dies bei der Persönlichkeitsausbildung. Wesentliche Charaktereigenschaften sollten verbessert werden, kleine Macken sollte man belassen. Strenge Züchtigung der eigenen Person oder anderer führt meistens nicht zum Erfolg.

31. HIEN / Die Einwirkung

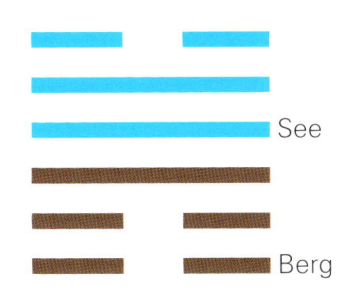

See

Berg

Der Berg unten steht für das angehäufte Wissen. Doch ist dieser Schatz nutzlos, wenn er nicht in die Welt hinausgetragen wird. Diese Aufgabe übernimmt das obere Trigramm, der See. Mit seiner Kommunikationsfähigkeit bringt er das Wissen unter die Menschen und wirkt damit auf sie ein. Dieses geschieht in verschiedenen Reifungsstufen, wie Sie beim Lesen der Linien deutlich erkennen werden. Wenn wir die Gesetze der Einwirkung durchdringen und umsetzen, dann wird uns der Erfolg entgegenkommen. Doch vorher ist sehr intensive Arbeit angesagt.

Linie 1 wandelt sich zu Hexagramm 49
Wir sind mit etwas Neuem in Berührung gekommen, das uns eine unbekannte Welt zeigt. Doch noch ist die Wirkung gering. Eine tiefere Auseinandersetzung mit dem Thema ist notwendig, wenn wir etwas Dauerhaftes bewirken wollen.

Linie 2 wandelt sich zu Hexagramm 28
Wir sind schon weiter in die Thematik eingedrungen und wissen mehr. Mit diesem Halbwissen einzuwirken wäre gefährlich. Manche tun dieses mit fatalen Folgen. Gute Dinge brauchen ihre Zeit.

Linie 3 wandelt sich zu Hexagramm 45

Unser Wissen hat sich sehr erweitert; wir wollen es ohne Klarheit, aber mit überschäumendem Gefühl missionarisch den anderen mitteilen. Doch noch fehlt uns die Fähigkeit, dieses Wissen ohne Egoismus nach außen zu bringen.

Linie 4 wandelt sich zu Hexagramm 39

Wir können unsere Fähigkeiten einbringen, mit viel Arbeit und wenig Lohn. Aufgeregte Aktivitäten bringen nichts. Die Aufgabe sollte eine Herzensangelegenheit sein und nicht von Profitdenken gelenkt werden.

Linie 5 wandelt sich zu Hexagramm 62

Langes, beharrliches Arbeiten in hoher Qualität liegt hinter uns. Jetzt kommen die Menschen von selbst auf uns zu, ohne dass wir diese Wirkung lenken können. Weiterhin sollten wir die Aufgabe mit Herz erledigen und sinnvolle Ruhephasen einbauen.

Linie 6 wandelt sich zu Hexagramm 33

Jetzt sind endgültig Rückzug und Ruhe angesagt, damit sich unser Akku wieder aufladen kann. Doch einige Menschen wollen immer noch einwirken. Dabei entsteht nur noch dummes Geschwätz. Diese Selbstüberschätzung wird sich bitter rächen.

32. HONG / Die Dauer

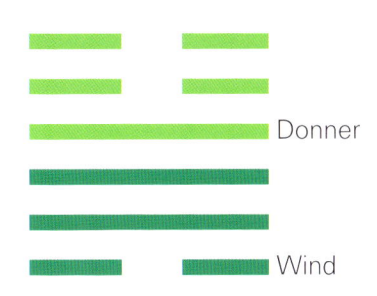

Donner

Wind

Der Wind, das alte, erfahrene Holz, befindet sich unter dem Donner, dem jungen Holz. Dies könnte im tatsächlichen Leben z.B. der alt gewordene Firmengründer sein, der jetzt dem neuen Firmeninhaber Platz macht und sich stützend hinter ihn stellt, ohne nach außen zu dominieren. Dauer bedeutet im Chinesischen, dass alles wiederkehrt. So wie das Frühjahr vergeht und nach der Dauer eines Jahres wieder erscheint. Dieses Zeichen zeigt eine Veränderung der bisherigen Position. Wenn wir aufsteigen wie der Donner, fällt uns dies leicht. Wenn wir uns jemandem Jüngeren unterordnen müssen aus Altersgründen wegen Krankheit und Leistungsabfall, dann zeigt es sich, ob wir eine gereifte Persönlichkeit sind oder ein Sturkopf, der die Zeichen der Zeit nicht erkennen will.

Wir können Erfolg auf Dauer erreichen, wenn wir uns den Zeitverhältnissen immer wieder anpassen. Sich wandeln ist Leben.

Linie 1 wandelt sich zu Hexagramm 34

Wenn wir etwas zu eilig erreichen möchten, dann führt dies ins Unglück. Die Investition in sorgfältige Arbeit auf lange Zeit, die gründlich durchdacht ist, schafft die Basis für einen langfristigen und soliden Erfolg. Nur wenige können eine solche erfolgreiche Geduld aufbringen.

Linie 2 wandelt sich zu Hexagramm 62

Unser immenses Kraftpotenzial will nach vorne. Da die Mittel fehlen, kann Vorwärtsgehen zurzeit nicht der Weg sein. Konstruktiver Rückzug und Selbstbeherrschung führen langfristig zum Ziel.

Linie 3 wandelt sich zu Hexagramm 40

Unruhig und hektisch in Sprache und Bewegung, durch die Beeinflussung der Geschehnisse in unserem Lebensumfeld verlieren wir unsere klaren Werte. Durch dieses wie „ein Fähnlein im Wind sein" entstehen Nachteile, die uns unvermittelt treffen.

Linie 4 wandelt sich zu Hexagramm 46

Wenn wir etwas erreichen wollen, müssen wir es da suchen, wo es sich befindet. Hier sind wir an einem Ort, wo wir nicht das bekommen, was wir möchten. Diese Linie kann auch darauf hindeuten, dass wir nicht mit der richtigen Einstellung suchen.

Linie 5 wandelt sich zu Hexagramm 28

Wenn unsere Grundpersönlichkeit mehr vom Dienen und der Erledigung von Routineaufgaben geprägt ist, sollten wir uns in den Dienst von Menschen begeben, deren Fähigkeiten in Führung, Visionen und Kreativität liegt.
Sind Führung, Visionen und Kreativität unsere Fähigkeiten, dann sollten wir diese nutzen und unsere Talente nicht verschleudern durch dauerhaftes Dienen und die Erledigung von Routineaufgaben.

Linie 6 wandelt sich zu Hexagramm 50

In herrschender Stellung unruhig und ohne Gründlichkeit etwas bewirken zu wollen, führt dauerhaft nur ins Unglück.

33. DUN / Der Rückzug

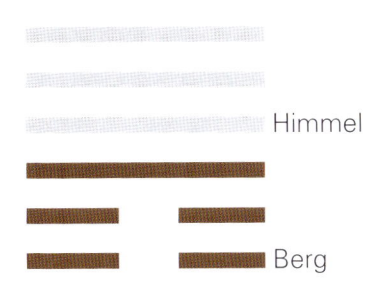

Himmel

Berg

Der Berg, das Symbol für Stillhalten, befindet sich unten. Der Himmel, die Aktivität, hat sich auf den Berg zurückgezogen. Das I Ging spricht davon, dass wir uns zurückziehen sollten, wenn die Arbeit getan ist. Rückzug hört sich für viele heute nachteilig an. Es bedeutet letztlich Kräftesammlung für neue Projekte. Genauso wie wir den Schlaf benötigen, um am nächsten Tag wieder frisch an neue Aufgaben gehen zu können.

Verlockungen von außen sind in unserer heutigen Zeit sehr vielfältig z.B. Fernsehen, Handy, Internet und viele Freizeitmöglichkeiten. Sie sorgen häufig dafür, dass wir diesen ständigen Verlockungen oft nicht widerstehen können und uns deshalb keinen echten, stillen, sinnvollen Rückzug mehr erlauben.

Linie 1 wandelt sich zu Hexagramm 13

In dieser nicht einfachen und gefährlichen Situation werden wir sehr bedrängt, und ein Rückzug birgt große Gefahr. Wir können die gefährliche Situation entschärfen, indem wir uns in dieser schwierigen Lage still verhalten.

Linie 2 wandelt sich zu Hexagramm 44

Die konsequente und beharrliche Art eines einfachen Menschen, sich an eine mächtige Person zu halten, ohne sich abschütteln zu lassen, bringt ihm Gewinn, da er das richtige Ziel verfolgt.

Linie 3 wandelt sich zu Hexagramm 12

Hier möchte sich ein Mensch zurückziehen. Doch sammeln sich Menschen um ihn, die ihn nicht gehen lassen. Sie als Bedienstete zu halten, scheint der einzige Ausweg zu sein. Aber was soll man mit solchen Menschen tun?

Linie 4 wandelt sich zu Hexagramm 53

Freundlich Lebewohl sagen können, im Denken und im Verhalten, weil jetzt die rechte Zeit ist, so gehen wir den weisen Weg des Rückzuges. Nur die Menschen, die sich abhängig von anderen machen, empfinden dieses Verhalten als schmerzlich.

Linie 5 wandelt sich zu Hexagramm 56

Wenn der richtige Moment zum Abschied gekommen ist, sollten wir den Rückzug freundlich und ohne Wankelmut konsequent antreten.

Linie 6 wandelt sich zu Hexagramm 31

Heiter zu sein und an nichts zu kleben, beruflich wie privat, das bedeutet Freiheit in höchster Form. Wer so unabhängig seinem Pfad folgt, der kommt zu großem Glück.

34. DA DSCHUANG / Des Großen Macht

Donner

Himmel

Von unten kommt die starke Macht des Himmels, und die Expansion wird weiter vorangetrieben durch den schnell vorwärtsstrebenden Donner. Der Donner hat hierfür die besten Voraussetzungen, da seine Kraft fast grenzenlos scheint durch den großen, kraftvollen Helfer, den Himmel, im Hintergrund.
Hier wird man leicht von der Macht getragen und die Gefahr von Machtmissbrauch entsteht als Nebenwirkung. Wer in dieser Position Demut bewahrt, der schütz sich vor diesem Virus, der schon viele Menschen zu Fall gebracht hat. Kraftvolle innere klare Entschlossenheit führt zu einer starken Machtentfaltung.

Linie 1 wandelt sich zu Hexagramm 32
Sofort anpassen, das ist die jetzige Aufgabe. Wer nun mit niedrigen Machtinstinkten gewaltig nach vorne will, der wird scheitern.

Linie 2 wandelt sich zu Hexagramm 55
Die Hemmung lässt nach, die Umwälzung beginnt. Man ist wie ein vorpreschendes Pferd und sollte sich bremsen, da man sonst zu Leichtsinnigkeit neigt. Seine innere Mitte zu finden, z.B. durch Laufen, Yoga oder Meditation, bringt den dauerhaften Erfolg.

Linie 3 wandelt sich zu Hexagramm 54

Unreife Personen wollen durch autoritäres Verhalten ihre Ziel erreichen. Ein in sich gefestigter Mensch verzichtet darauf und bleibt frei von emotionalen Verstrickungen.

Linie 4 wandelt sich zu Hexagramm 11

Schwierigkeiten entstehen durch Zurschaustellung der Macht in der äußeren Welt. Statt Machtentfaltung nach außen sollten wir an unseren inneren Blockaden still und achtsam arbeiten, dann erschließt sich der Weg immer mehr und wir erreichen Macht, ohne sie nach außen demonstrieren zu müssen.

Linie 5 wandelt sich zu Hexagramm 43

Man will mit Gewalt durch die Tür und stellt verblüfft fest, dass es keine Hindernisse gibt. Trotziges und kämpferisches Verhalten ablegen, dies ist der rechte Weg.

Linie 6 wandelt sich zu Hexagramm 14

Man hat sich in eine unangenehme Lage gebracht, weil man trotzig war und vorgeprescht ist. Dies führt zu einer Verstrickung, die keine Bewegung mehr zulässt. Wandlung der überhöhten Ich-Ansichten zu mehr Verständnis bringt dauerhaft eine förderliche Lage.

35. DSIN / Der Fortschritt

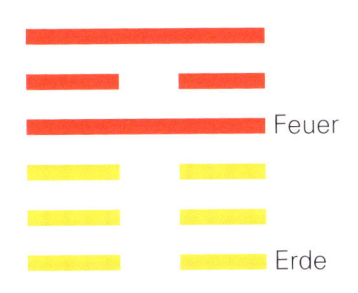

Feuer

Erde

Die hingebungsvolle und demütige Erde befindet sich unten. Das Feuer der Erkenntnis befindet sich darüber. Ein stimmiger natürlicher Prozess, der etwas schnell in Bewegung bringt. Dieser Fortschritt ist abhängig von anderen Menschen, genauso wie das Feuer nur brennen kann, wenn es Brennstoff hat.
Die Gefahr in diesem Zeichen liegt darin, dass man sich zu schnell aufzehrt und damit den weiteren Fortschritt verhindert. Hierdurch kommt man dann in große Stagnation.

Linie 1 wandelt sich zu Hexagramm 21
Wunschgemäß will man voran, doch man weiß nicht, ob sich die Tür öffnet oder man davor abgewiesen wird. Wenn einem kein Glaube geschenkt wird, sollte man ruhig und freundlich bleiben und nicht wütend um die Sache kämpfen.

Linie 2 wandelt sich zu Hexagramm 64
Der Kontakt zu führenden Menschen, um weiterzukommen, entsteht nicht. Das führt zur Betrübtheit. Wenn man treu bei der Sache bleibt, führt dies zu großem Glück, das von einer fürsorglichen Persönlichkeit bewirkt wird.

Linie 3 wandelt sich zu Hexagramm 56

Übereinstimmung: Man wird von einer freundschaftlichen Gruppe wohlwollend unterstützt. Dies ist notwendig, da man diese Aufgabe nicht aus eigener Kraft erledigen kann.

Linie 4 wandelt sich zu Hexagramm 23

In hoher Position habgierig nur an seine Vorteile zu denken, gefährdet dauerhaft diese Position. Seine notwendige Pflicht zu erfüllen und Geben und Nehmen zu beachten, ist ein sinnvoller Weg, der vor dem tiefen Absturz schützt.

Linie 5 wandelt sich zu Hexagramm 12

Handeln bringt Gewinn. Dieser weiche Charakter in machtvoller Position könnte sich selbst beschuldigen, nicht mit notwendiger Strenge vorzugehen, um den bestmöglichen Gewinn zu erzielen. Aber durch dieses gutmütige Verhalten sichert man sich sein weiteres erfolgreiches Handeln.

Linie 6 wandelt sich zu Hexagramm 16

Klare Ordnung im Inneren der Organisation durch hartes Vorgehen zu schaffen, kann sinnvoll sein. Gegenüber fremden Personen wäre diese Vorgehensweise ein Fehler, der sich zum Nachteil entwickeln würde.

36. Ming I / Die Verfinsterung des Lichts

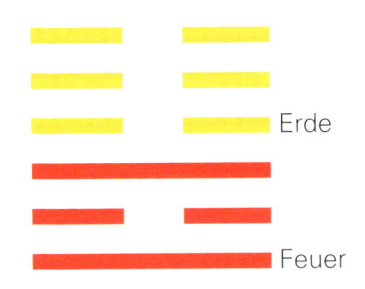

Erde

Feuer

Das Feuer, das auch die Verletzungen symbolisiert, wird von der obigen Erde mit seinen unklaren Grenzen überdeckt, und deshalb kommt es zur Verfinsterung. Das Feuer benötigt Sauerstoff, dieser wird hier entzogen. Diesem Zeichen werden unter anderem die Depressionen zugeordnet. Das Feuer zeigt die Verletzungen eines depressiven Menschen auf, und die Erde darüber symbolisiert durch die Deckelung des Feuers, dass kein Licht nach außen und kein Leben nach innen dringen kann. Gleichzeitig deutet die Erde Verwahrlosung an, wie wir sie häufig bei depressiven Menschen erleben.

Im natürlichen Lebensprozess wäre das Feuer über der Erde und könnte sich entfalten. Wenn in unserem Leben eine chronische Dunkelheit auftritt, dann geht es darum, dass wir uns von dieser Qual dauerhaft befreien sollten. Denn es geht darum, mit tiefer Freude dieses Leben zu gestalten.

Dies funktioniert nur, wenn wir uns von den alten Fesseln, die mit negativen Erlebnissen verbunden sind, befreien können. Meistens gelingt dieses nur mithilfe fachlich und ethisch sehr fähiger Menschen.

Linie 1 wandelt sich zu Hexagramm 15

Mit aller Kraft wollen wir die vor uns liegenden Barrikaden in einem Anlauf bezwingen. Wir haben nicht mit der Macht der Gegner gerechnet, und diese hindern uns nicht nur am Weiterkommen, sondern zwingen uns auch zum Rückzug und Ausweichen. Man weiß genau, was man erreichen möchte, deshalb erträgt man mit Geduld das Geschwätz der Menschen, mit denen man zusammenlebt.

Linie 2 wandelt sich zu Hexagramm 11
Wir sind verletzt und doch lassen uns wir dadurch nicht abhalten, anderen Menschen mit aller Kraft zu helfen. Wer so handelt, wird selbst Unterstützung bekommen.

Linie 3 wandelt sich zu Hexagramm 24
Man arbeitet gemeinsam mit anderen daran, das Chaos zu beseitigen. Hierdurch erlebt man eine Überraschung, man trifft wie zufällig auf die Ursache der chaotischen Zustände. Jetzt sollte man achtsam die Dinge korrigieren, zu große Eile bringt nichts, da das Chaos schon zu lange existiert.

Linie 4 wandelt sich zu Hexagramm 55
In der Nähe der Schaltzentrale des Bösen erfahren wir die Ursachen. Jetzt wissen wir, dass eine Korrektur nicht mehr möglich ist. Diesen Ort zu verlassen, ist der richtige Weg.

Linie 5 wandelt sich zu Hexagramm 63
Manchmal gibt es eine Lebenssituation, in der wir einen gefährlichen Ort nicht verlassen können. Deshalb sollten wir sehr, sehr vorsichtig sein und unsere wahren Werte verbergen, z. B. dadurch, dass wir den Narren spielen oder einen Irren, damit können wir dem Unglück entgehen.

Linie 6 wandelt sich zu Hexagramm 22

Das Schreckliche erreicht seinen Zenit und verliert gleichzeitig die Macht, zu unterdrücken. Mit jedem Höhepunkt kommt der unweigerliche Abstieg. Jetzt kommen wieder bessere Zeiten.

37. GIA / Die Sippe

Wind

Feuer

Genau wie beim Zeichen 13 „Die Gemeinschaft mit Menschen" steht hier das Feuer als Symbol für Wärme und Geborgenheit unten. Der Wind oben sorgt für Lebendigkeit in der Familie, und als altes trockenes Holz gibt er auch genug Nahrung. Dieses Zeichen im I Ging gibt klare Hinweise, wie eine Sippe optimal funktioniert. Wir können diese Regeln hier leicht auch auf Unternehmen übertragen. (Siehe hierzu auch die ausführliche Auseinandersetzung mit der Sippe in Kapitel 7)

Die Sippe soll dazu dienen, dass Kinder mit einem guten Urvertrauen, einem klaren und offenen Denken, einem starken und lebendigen Gefühl aufwachsen. Sie sollten eine soziale Einstellung zu Andersdenkenden haben, an ihre inneren Kräfte glauben und erkennen, dass es eine unerklärliche größere Macht gibt, gleichgültig, ob wir diese als Buddha, Gott, Allah, Narr, das Unerklärliche, oder...? bezeichnen.

Linie 1 wandelt sich zu Hexagramm 53

Kinder und Mitarbeiter frühzeitig an klare, aber nicht zu viele Regeln gewöhnen, an die sich auch die Eltern/Vorgesetzten halten, sorgt für eine solide Basis und gesunde Entwicklung in der Familie oder dem Unternehmen. Wenn das nicht rechtzeitig passiert, besteht die große Gefahr, dass man den Willen der Kinder oder der Mitarbeiter brechen muss. Eine schwierige und gleichzeitig unmenschliche Aufgabe.

Linie 2 wandelt sich zu Hexagramm 9

Unsere täglichen, regelmäßig wiederkehrenden Aufgaben sollten wir immer sofort erledigen. Manche wollen die Welt retten, aber vergessen ihre täglichen Routineaufgaben, wie Haushalt, Körperpflege oder den wachsenden Papierkram.

Linie 3 wandelt sich zu Hexagramm 42

Wenn Wut und der Jähzorn die Kommunikation in der Familie prägen, dann leiden alle darunter. Besser als die Ausuferung von gegenseitigen Verletzungen sind manchmal sehr strenge Regeln.

Linie 4 wandelt sich zu Hexagramm 13

Im I Ging heißt es: „Sie ist der Reichtum des Hauses". Hier steht die Frau als Verwalterin der Haushaltskasse (das I Ging ist der Meinung, dass Frauen bzw. die Yinenergie besser mit Geld umgehen können). Es geht darum, bei Ein- und Ausgaben das rechte Maß zu finden. Dann führt dies zum Wohlstand für die ganze Familie, das Unternehmen oder den Staat.

Linie 5 wandelt sich zu Hexagramm 22

Hier steht ein gütiger weiser Vater, vor dem keiner Angst hat. Da er seine Position mit Liebe und Vertrauen ausführt, kommen alle gerne zu ihm. Er macht keinen Unterschied und fördert sie alle.

Linie 6 wandelt sich zu Hexagramm 63

Hier steht ein sehr weiser Mensch, der lange Zeit seine Persönlichkeit entwickelt hat. Er kennt die Gesetze des Lebens und hilft anderen, sie auch zu verwirklichen. Er übernimmt die volle Verantwortung für sein Handeln.

38. KUI / Der Gegensatz / Die Entfremdung

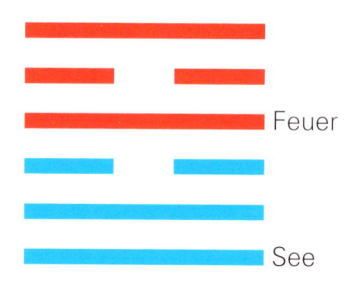

Feuer

See

Dieses beiden Zeichen vertragen sich in dieser Konstellation nicht. Unten ist der See. Er kann nicht kommunizieren, da er vom Feuer gebremst wird. Für das Feuer ist diese Stellung auch nicht gut, weil es keine gute Nahrung (trockenes Holz) findet. Sind Menschen in dieser Konstellation vereint, dann kann nichts sinnvolles daraus entstehen. Sie setzen oft verletzende Kommunikation und immer wiederkehrenden Streit in Gang, ohne dass sich die Probleme lösen. Es muss also erst eine gründliche Reform mit externer Hilfe auf den Weg gebracht werden. Für eine solche Lösung dürfte viel gestritten werden, und die Aussichten auf Erfolg sind gering. Eine Trennung dürfte in vielen Fällen hier die bessere Lösung sein, nur wird die wahrscheinlich lange auf sich warten lassen.

Linie 1 wandelt sich zu Hexagramm 64

In Zeiten der Entfremdung sollten wir den Menschen nicht hinterherlaufen. Wenn Sie ein Teil von uns sind, werden sie, nachdem sich der Nebel gelichtet hat, zurückkommen. Denn was wirklich zu uns gehört, wird wiederkommen. Wenn wir diese Vertrauensaufgabe begreifen, dann haben wir ein grundsätzliches Lebensgesetz verinnerlicht.

Linie 2 wandelt sich zu Hexagramm 21

Wenn sich zueinander passende Menschen nicht auf offizielle Weise begegnen können, dann werden sie sich durch zufällige Begegnungen finden. Denn es kommt zusammen, was zusammengehört.

Linie 3 wandelt sich zu Hexagramm 14

Angeschrien, verletzt und festgehalten, dies sind keine guten Voraussetzungen. Bleiben Sie Ihren Grundsätzen treu und halten Sie innerlich an dem geliebten Menschen fest.

Linie 4 wandelt sich zu Hexagramm 41

Man befindet sich in einer Gemeinschaft, in der man durch unterschiedliche Wertvorstellungen einsam wird. In dieser Zeit trifft man auf eine Person, die die Ergänzung zur eigenen ist, wir öffnen unser Herz und finden das Vertrauen und die Zweisamkeit.

Linie 5 wandelt sich zu Hexagramm 10

Ein uns wohlwollend gesinnter Mensch lässt sich von den aufgebauten psychischen Mauern nicht irreführen und kommt hindurch. Erst denken wir, er ist ein Feind, doch dann sehen wir seine wahre Gestalt. Zu-ihm-Gehen und Zusammenwirken ist jetzt unsere Pflicht.

Linie 6 wandelt sich zu Hexagramm 54

Man hat sich total in sich zurückgezogen und hat großes Misstrauen, und starke Aggressionen und sieht viele als Feinde. Selbst gegen die wohlgesinnten Menschen erheben sich die Waffen, doch die Einsicht kommt und führt uns wieder in die Gemeinschaft mit diesen Menschen.

39 . GIEN / Das Hemmnis

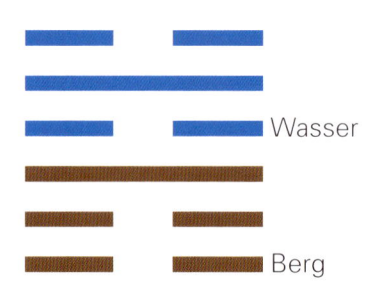

Wasser

Berg

Unten der Berg und darüber das fließende Wasser. Es regnet auf den Berg. Wir haben große Probleme, die durch den Berg dargestellt sind, und sie werden zu einer schlammigen Angelegenheit durch den ständigen Regen.

Diese Probleme können wir nur gemeinsam lösen, wenn wir uns einem weisen Menschen zur fachlichen Unterstützung unterordnen.

Es geht hier um die endgültige Beseitigung der Ursachen. Insbesondere sollten wir unser Urvertrauen stärken, denn hier liegen die Hauptgründe für unsere schlammigen Probleme. Keine leichte Aufgabe, und ohne gute Helfer geht hier nichts. Die werden wir finden, wenn wir aufrichtig suchen.

Linie 1 wandelt sich zu Hexagramm 63

Unbedacht in den Kampf zu gehen, häuft die Probleme in dieser Situation nur an. Rückzug und Kräftesammeln, bis der richtige Moment zur Auseinandersetzung kommt, dieses führt zum Erfolg.

Linie 2 wandelt sich zu Hexagramm 48

Diese Situation hat etwas Verrücktes. Wir begeben uns bewusst in Schwierigkeiten, weil es eine persönliche Verpflichtung gibt, dies zu tun. Da man diese

Angelegenheit zu seiner eigenen macht, ohne an den persönlichen Vorteil zu denken, bekommt man keine Schuld.

Linie 3 wandelt sich zu Hexagramm 8
Als Kopf seiner Schutzbefohlenen zieht sich eine starke Persönlichkeit zurück, um nicht unbedacht in eine gefährliche Situation zu kommen. Im rechten Augenblick kommt er zur Gemeinschaft zurück, zur großen Freude aller.

Linie 4 wandelt sich zu Hexagramm 31
Hemmungen allein zu überwinden, ist in vielen Fällen ziemlich schwer. Hier sind noch Vorbereitungen mit zuverlässigen Menschen notwendig, damit man diese Hemmnisse gemeinsam beseitigt.

Linie 5 wandelt sich zu Hexagramm 15
Dieser Mensch hat ein großes Potenzial und die Aufgabe, schwierige Probleme zu lösen. Durch seine Ausstrahlung kommen Helfer zu ihm und die gemeinsame Planung und Durchführung führen zum Ziel.

LInie 6 wandelt sich zu Hexagramm 53
Große Kenntnisse zeichnen diesen Menschen aus, und er ist im Ruhestand. Doch sein Potenzial wird nochmals gebraucht, deshalb kehrt er zum Wirken für eine große Aufgabe zurück.

40. HIE / Die Befreiung

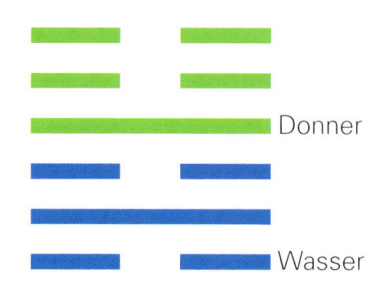

Donner

Wasser

Das unten befindliche fließende Wasser, das uns durch plötzliche dramatische Veränderungen mitreißt und Situationen durchspült, wird unterstützt durch den Donner, der durch seine Impulse und auch durch den Zorn die eingefahrenen schädlichen Verhaltensmuster und Einstellungen aufbricht, so wie ein Gewitter eine reinigende Wirkung hat. Im Sinne der Natur stehen die Trigramme korrekt und sind mit ihren ergänzenden Eigenschaften ideale Helfer, um sich von alten Fesseln der Unfreiheit endlich zu befreien. Gleichzeitig weist dieses Zeichen darauf hin, dass wir unabsichtliche und kleine Fehler bei unseren Mitmenschen einfach übersehen sollten.

Dieses Zeichen verdeutlicht, dass jetzt die rechte Zeit gekommen ist, in der hemmende Prozesse beseitigt werden können, damit man endlich sein Dasein unbeschwerter leben kann.

Linie 1 wandelt sich zu Hexagramm 54

Die sorgfältige Arbeit hat zum Abstreifen der alten Fesseln geführt. Nun sind vernünftigerweise Erholungszeiten ohne viele Aktivitäten angesagt. Die Schwierigkeiten lassen nach und verschwinden langsam.

Linie 2 wandelt sich zu Hexagramm 16

Heuchlerisch und mit Schläue versuchen einige sich, Vorteile zu verschaffen. Sie müssen ausgeschaltet werden, damit es zur Befreiung kommen kann. Eine geradlinige, klare und maßvolle Strategie, die aus dem Herzen kommt, führt zum Ziel. Dieser geistigen Waffe der inneren Stärke kann man sich nur schwer widersetzen.

Linie 3 wandelt sich zu Hexagramm 32

Da verhält sich jemand wie ein arroganter Neureicher, ohne die Regeln von Anstand und Höflichkeit zu beachten. Wenn man die über einem stehenden Menschen belächelt und mit den unteren Menschen hartherzig umgeht, so wird man großen Schaden erleiden.

Linie 4 wandelt sich zu Hexagramm 7

Handeln führt jetzt zur Befreiung. Wenn wir uns nicht frei machen von Menschen, die uns nicht guttun, können die uns förderlichen Menschen nicht zu uns kommen, da sie unseren zweifelhaften Bekanntschaften nicht trauen.

Linie 5 wandelt sich zu Hexagramm 47

Wenn wir die alten Fesseln und Muster jetzt konsequent beseitigen wollen, dann müssen wir eine Entscheidung treffen und sie ohne Wenn und Aber durchsetzen. Dadurch werden sich die für uns schädlichen Einflüsse von selbst entfernen.

Linie 6 wandelt sich zu Hexagramm 64

Eine starke innere Verhärtung auf hoher Position macht große Schwierigkeiten, das Abstreifen der alten Fesseln wird gefährdet. Förderlich in dieser Situation ist ein Vorgehen mit Gewalt. Um dieses gut zu erledigen, benötigen wir einen erfahrenen Menschen, der die richtigen Werkzeuge zum richtigen Zeitpunkt einsetzen kann.

41. SUN / Die Minderung

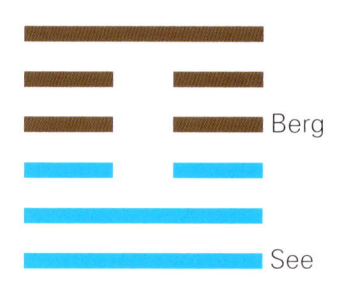

Berg

See

Der kommunikative See will ohne Hinderung nach außen dringen können, das gelingt ihm hier nicht, er wird gebremst und in seiner Wirkung gemindert. Dem hohen, weit sichtbaren Berg geht es hier genauso, er steht mitten im See und kann deshalb seine Größe und Macht nicht demonstrieren. Minderung erscheint vielen Menschen als etwas Negatives. Im I Ging spricht man davon, dass man sich nur mehren kann, wenn man sich mindert. Wenn der Bauer einen Teil seiner Saat nicht zum Brotbacken nimmt, sondern es wieder in den Acker gibt, dann ist das eine Minderung. Er geht ein Risiko ein, um sich in Zukunft mehren zu können. So geht es auch uns, wenn wir in neue Projekte investieren oder uns als Person zurücknehmen und deshalb andere die Lorbeeren ernten.

Wenn wir nicht bereit sind, etwas zu geben, dann werden wir oft nicht das bekommen, was wir möchten. Damit meint man im I Ging nicht Aufopfern, sondern Nehmen und Geben sollten im Ausgleich sein.

Linie 1 wandelt sich zu Hexagramm 4

Wenn wir unsere bedeutsamen Arbeiten vollendet haben, dann sollten wir andere unterstützen, ohne nach dem Lohn zu schielen. Dies zeigt einen sehr sozialen Menschen. Derjenige, der Hilfe erhält, sollte nicht zu viel annehmen. Geben und Nehmen sollten im Ausgleich sein.

Linie 2 wandelt sich zu Hexagramm 27
Dienen ohne zu dienen bedeutet, gerne zu helfen und gleichzeitig seinen eigenen Willen zu behalten und nicht seine Werte für einen anderen Menschen zu opfern. Hierzu ist ein stabiles Urvertrauen notwendig.

Linie 3 wandelt sich zu Hexagramm 26
Die Zahl drei steht als Symbol für Eifersucht. Denn eine tief gehende Beziehung ist nur unter zwei Personen möglich. Der, der geht, findet seinen passenden Partner.

Linie 4 wandelt sich zu Hexagramm 38
Eigentlich ist es einfach! Wenn wir unsere Fehler ablegen, kommen die uns zugewandten Menschen gerne auf uns zu. Wir machen es ihnen jetzt leicht, da sie sich vorher aufgrund unseres Verhaltens nicht trauten.

Linie 5 wandelt sich zu Hexagramm 61
Wer sich in langer, intensiver Arbeit so konsequent gemindert hat, dem kann nur großes Glück widerfahren, gleichgültig, was er in Angriff nimmt.

Linie 6 wandelt sich zu Hexagramm 19
Es gibt wenige große Menschen, deren Wohltaten vielen Menschen zum großen Nutzen werden. Sie wirken nicht mehr nur für sich, sondern sind förderlich für alle.

42. I / Die Mehrung

Wind

Donner

Ein junger, aufstrebender Mensch, hier als Trigramm Donner gekennzeichnet, will nach oben. Er erhält Förderung von oben, dem alten, erfahrenen Holz, dem Wind. Auch dieser erfährt Mehrung durch den Elan der aufsteigenden Yangenergie des jungen Menschen. Hier geschieht also Mehrung aus unterschiedlichen Positionen heraus. Die Zeit der Mehrung dauert nicht lange, deshalb ist es wichtig, diese Zeit sinnvoll zu nutzen.

Bevor eine Mehrung erfolgen kann, muss etwas kaputt gehen, wie bei einem Samenkorn. Die Schale muss zersplittern, bevor der Keimling nach außen kann bzw. wir die Frucht zu uns nehmen können. Der junge Donner muss sich z. B. zurückhalten in seinen persönlichen Bedürfnissen, Zeit und vielleicht sogar Geld in die Weiterbildung investieren, um den Anforderungen zu genügen. Das alte Holz muss am Anfang Zeit investieren, damit er seinen neuen Mitarbeiter sinnvoll einbinden kann.

Linie 1 wandelt sich zu Hexagramm 20

Da man vom Mentor konsequent gefördert wird, erhält man viel Energie für die Bewältigung großer Aufgaben, die man sich sonst nicht zugetraut hätte. Mit Verantwortung und ohne Egoismus die Arbeiten zu erledigen, bringt dauerhaft reiche Ernte.

Linie 2 wandelt sich zu Hexagramm 61
Wenn wir mit großer Liebe und Empfangsbereitschaft unsere anstehenden Aufgaben erledigen, kommt die glückliche Mehrung wie von selbst. Wenn wir diese Fülle erleben, sollten wir weiterhin geradlinig und mit Demut ans Werk gehen.

Linie 3 wandelt sich zu Hexagramm 37
Große, gefährliche Erschütterungen kommen, doch sie richten keinen Schaden an, sondern dienen der Mehrung, da wir absolut in uns ruhen.

Linie 4 wandelt sich zu Hexagramm 25
Wenn wir ganz in unserer Mitte sind und frei von jeder Vorteilnahme, dann können wir diplomatisch zwischen Führern und Geführten vermitteln. Sogar den Führer zu führen gelingt, da man nicht an seinen Vorteil denkt.

Linie 5 wandelt sich zu Hexagramm 27
Eine Angelegenheit wird nur dadurch gefährdet, wenn man sie nicht mit dem Herzen tut. Dieser Mensch macht alles aus dem Herzen und erhält dadurch sehr große Förderung.

Linie 6 wandelt sich zu Hexagramm 3
Hier denkt jemand ganz oben nur unruhig und habgierig an seinen Vorteil. Hierdurch erfährt er Bedrohung von allen Seiten und zahlt als zusätzlichen Preis, dass keiner mehr zu ihm kommt.
Sich zuerst in seine Mitte bringen (z. B. durch Laufen, Meditation, Schlaf, Yoga), dann die Dinge ruhig betrachten, um im nächsten Schritt Vertrauen zu den Menschen aufzubauen, bevor man etwas fordert. Dies schützt vor den oben beschriebenen negativen Handlungsfolgen.

43. GUAI / Der Durchbruch / Die Entschlossenheit

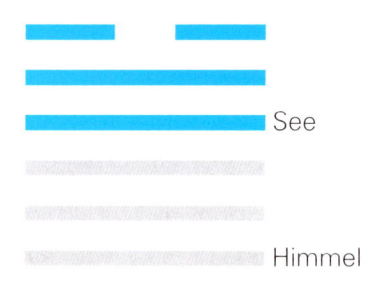

See

Himmel

Unten der Himmel mit seiner Klarheit und Stärke und oben der See mit seiner Freundlichkeit und der Fähigkeit zur Kommunikation. Wenn wir etwas mit Entschlossenheit durchsetzen wollen, benötigen wir neben der dynamischen Kraft vom Himmel eine freundliche Kommunikation, da hierdurch die Menschen wohlgestimmter und offener für Veränderungen sind.

Gleiches gilt für unser eigenes Wesen. Wenn wir unsere Schwächen schwächen wollen, dann sollten wir ihnen mit Freundlichkeit und Stärke begegnen, um sie zu minimieren. So ernsthaft gesprochene Sätze wie: „Ich hasse mich dafür!" oder „Ich bin dumm!" sind Sätze, die nur zur Selbstabwertung führen und wenig Raum für eine nachhaltige Veränderung lassen. Deshalb sollten wir „Stärken - stärken" und „Schwächen - schwächen"! Damit sich unsere individuelle Persönlichkeit, die in uns schlummert, immer mehr entwickeln kann. Wenn wir diese Entschlossenheit in uns mit einer hohen Beständigkeit aufgebaut haben, dann kann uns nur noch wenig aufhalten und wir gelangen zum großen Durchbruch unserer wahren Persönlichkeit.

Linie 1 wandelt sich zu Hexagramm 28

Man will entschlossen voranschreiten. Doch starke Kräfte stellen sich einem entgegen. Vorsicht sollte man jetzt walten lassen und nur das tun, was sicher und leicht gelingt. Wer den Macho spielt, wird verlieren. Fehler in der Anfangssituation können ein ganzes Werk gefährden.

Linie 2 wandelt sich zu Hexagramm 49
Sich zu schützen und zum Kampf bereit zu sein, auch wenn die Gefahr noch nicht sichtbar ist, und gleichzeitig in seiner Mitte zu bleiben, dieses Verhalten ist sinnvoll. Die Gefahr klar zu erkennen und sie nicht in sein inneres Wesen zu lassen, zeigt eine starke Persönlichkeit. Wenn man seine innere Stärke weiter ausbildet, dann folgen die Menschen ohne äußeren Zwang.

Linie 3 wandelt sich zu Hexagramm 58
Äußerlich hält man in einigen Punkten zu einem hinterlistigen Menschen, ohne sich daran zu beteiligen, und wird deshalb verkannt. Dieser Weg ist rechtens, da es für einen offenen Kampf noch zu früh ist. Hierdurch sind die anderen empört und entfernen sich. Man bleibt seinen Grundsätzen treu, obgleich man jetzt alleine ist.

Linie 4 wandelt sich zu Hexagramm 5
Mit großer Sturheit wollen wir nach vorne drängen, obgleich die Barrikaden nicht bezwingbar sind. Wenn wir uns jetzt unterordnen und führen lassen, dann ist das in dieser Situation der rechte Weg. Leider steht unser verhärtetes Herz dieser Lösung ziemlich im Wege.

Linie 5 wandelt sich zu Hexagramm 34
Viele Probleme sind gelöst, doch dieser Widersacher lässt sich aufgrund seiner tiefen Verwurzelung, seiner hohen Position und der persönlichen Verbindung zu ihm nicht so leicht entfernen. Dies geht nur mit einem starken Willen, gleichzeitig dürfen wir uns nicht aus der Ruhe bringen lassen. Jetzt aufzugeben, würde man sich immer wieder vorwerfen.

Linie 6 wandelt sich zu Hexagramm 1

Wir meinen, wir hätten es geschafft. Es sieht alles kinderleicht aus. Doch das ist eine Täuschung. Wenn wir jetzt nicht mit tiefer Entschlossenheit gegen die scheinbaren Kleinigkeiten vorgehen, dann bleibt versteckter Unkrautsamen übrig, der zukünftig neue Probleme bereiten wird.

44. GOU / Das Entgegenkommen

Himmel

Wind

Das Entgegenkommen hört sich so harmlos an. Wenn wir das Zeichen in seiner Gesamtheit betrachten, dann erkennen wir, dass das Fundament (untere Linie) einen Yinstrich zeigt. Lose Erde als Fundament, auf dem fünf Yangstriche liegen, eine ziemlich wackelige Angelegenheit ist dieses Entgegenkommen. Ich nehme hier lieber den Titel: „Die Verlockungen", denn es werden uns Angebote gemacht, die oberflächlich betrachtet sehr verlockend sind, wenn wir in die Tiefe gehen, erkennen wir, dass alles auf wackeligem Untergrund steht.

Da wir unbedingt mit viel Kraft voranschreiten wollen, übersehen wir gerne diese Warnzeichen.

Linie 1 wandelt sich zu Hexagramm 1

Wenn sich in uns fast unbemerkt Gefühle wie Hass oder Neid eingeschlichen haben, dann sollte man sie möglichst sofort an der Wurzel entfernen, damit sie nicht mächtig werden, denn sie können später nur noch schwer kontrolliert werden.

Linie 2 wandelt sich zu Hexagramm 33

Wir kontrollieren unsere niedrigen Gedanken mit gütiger Klarheit. Einen Kontakt dieser triebhaften Eigenschaften mit Dritten sollten wir vermeiden. Denn dann werden sie gut genährt und lassen sich nicht mehr kontrollieren.

Linie 3 wandelt sich zu Hexagramm 6

Eine Blockade sorgt dafür, dass sich unsere niedrigen Gedanken nicht entfalten können. So werden die triebhaften Eigenschaften in uns gebremst, und wir haben die Chance zu erkennen, dass dieses Verhalten einiges zerstört hätte.

Linie 4 wandelt sich zu Hexagramm 57

Menschen mit einer begrenzten Sichtweise der Welt sollten wir mit gütigem Herz ertragen, damit sie uns als Fürsprecher erhalten bleiben. Dieses Entgegenkommen schafft die Grundlage für Zeiten, in denen wir deren Hilfe benötigen.

Linie 5 wandelt sich zu Hexagramm 50

Diese hochstehende Persönlichkeit ist innerlich so gefestigt, dass diese Person durch ihre Ausstrahlung und Geduld die Menschen ohne Mühe gewinnt. Er belehrt die Unwissenden nicht, und doch spüren diese Menschen seine Klarheit und vertrauen ihm ohne Zweifel.

Linie 6 wandelt sich zu Hexagramm 28
Hier hat sich jemand aus dem allgemeinen Leben zurückgezogen und schottet sich ziemlich unhöflich ab, da er mit dieser Welt nicht mehr zurechtkommt. Die hierdurch entstehende Ablehnung der Mitmenschen erträgt er.

45. TSUI / Die Sammlung

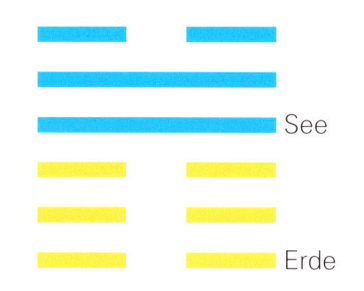

See

Erde

Die Erde besteht aus unzähligen Teilen, und deshalb steht sie auch symbolisch für viele Menschen. Die Menschen sammeln sich und nehmen mit fröhlichem Ernst Kontakt zu ihren Mitmenschen auf, was durch den See mit seiner Heiterkeit und seiner Fähigkeit zur tief gehenden Kommunikation gezeigt wird.
Überall dort, wo sich Menschen oder Waren ansammeln, droht auch Gefahr durch Streit, Habgier, Vorteilnahme und Diebstahl. Diese negativen Elemente können wir entschärfen durch Vorsicht und innere Bereitschaft.
Ein wertfreies Betrachten der Lage führt dazu, dass wir die Gefahrenindikatoren leichter erkennen und reduzieren können. Hierdurch wird eine stabile Entwicklung möglich.

Linie 1 wandelt sich zu Hexagramm 17

Man blickt zu einem Menschen auf und will sich ihm anschließen. Informationen anderer lassen einen wanken. Eine Handlung der verehrten Person lässt einen mit Freude erkennen, dass man auf dem richtigen Weg ist.

Linie 2 wandelt sich zu Hexagramm 47

Vertrauen und Hingabe! Ohne eigene Handlungen werden wir mit dem für uns passenden Menschen zusammengeführt. Die Wege der Anziehung können unerklärlich sein.

Linie 3 wandelt sich zu Hexagramm 31

Alleine steht man da, alle sind in Verbindung zu anderen. Sich entschlossen den richtigen Menschen anzuschließen, führt dauerhaft zur guten Gemeinschaft. Es bringt einen zunächst in eine am Rande stehende Position. Ganz aufgenommen zu werden braucht Zeit.

Linie 4 wandelt sich zu Hexagramm 8

Im Auftrag einer höherstehenden Person führt hier jemand Menschen zusammen. Er tritt nicht hervor, sondern erfüllt pflichtgemäß seine Arbeit, und sie gelingt.

Linie 5 wandelt sich zu Hexagramm 16

Die Menschen kommen ohne eigenes Zutun zu einem. Dies führt zu einer einflussreichen Position. Manche kommen nur wegen der eigenen Vorteilnahme, diese Menschen kann man nur dadurch beeinflussen, dass man konsequent bei seinen Werten bleibt und seine Aufgaben beständig erledigt. Hierdurch erlangen diese argwöhnischen Menschen Klarheit und sind durch innere Überzeugung dabei.

Linie 6 wandelt sich zu Hexagramm 12

Die Ehrlichkeit im Handeln wird nicht erkannt, das führt zu vielen Tränen. Dies kann die andere Seite zur Einsicht bringen und dann die gewünschte Gemeinschaft zur Folge haben.

46. SCHONG / Das Empordringen

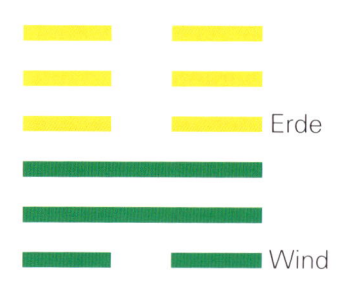

Erde

Wind

Der Wind, das alte Holz ist unten mit seinem reichen Erfahrungsschatz und bekommt durch die Erde reichlich Nahrung, um weiterwachsen zu können. Gleichzeitig gibt es durch die offene Erde keine Wachstumshindernisse. Dieses erfolgreiche Wachsen einer unbekannten Person kommt nicht von allein, es bedeutet einige Investitionen in Zeit, Geld und Beharrlichkeit, um dieses Empordringen zu ermöglichen. Also ein großes Potenzial, welches zutage gefördert werden soll. Zu diesem Zeichen passt auch gut der Spruch „Sich regen bringt Segen."

Wenn wir nur unseren Launen folgen, dann wird sich dieses Empordringen nicht entwickeln. Genauso wie ein neugepflanzter Obstbaum Pflege und Hege braucht, um später Früchte zu tragen, müssen wir dieses tun, wenn wir wirklich empordringen möchten.

Wichtig ist es, bei seiner fachlichen Tätigkeit zu bleiben (wenn wir sie mit dem Herzen tun!), und nicht ständig Ausschau nach neuen Möglichkeiten zu halten. Diese Rastlosigkeit führt dann nur zur Kräftezehrung und bringt uns weiter vom Ziel ab.

Linie 1 wandelt sich zu Hexagramm 11
Unbekannt sein, das spiegelt die aktuelle Situation wider. Höherstehende Personen, die in ihrem Wesen ähnlich sind, vertrauen diesen Fähigkeiten, und dies ist die Motivation, weiterzugehen.

Linie 2 wandelt sich zu Hexagramm 15
Diese starke Person hat schroffe Umgangsformen. Dieses Verhalten schadet nicht, da sie von tiefer innerer Ehrlichkeit geprägt ist. Durch diese Echtheit erhält sie Hilfe.

Linie 3 wandelt sich zu Hexagramm 7
Eine verrückte Situation: Der Aufstieg gelingt sehr leicht, es gibt keinen Widerstand. Irgendwann werden wir gestoppt, doch jetzt sollten wir die Zeit gut nutzen.

Linie 4 wandelt sich zu Hexagramm 32
Hier erhält jemand großes Lob für seine Leistungen, wird bekannt und erhält eine einflussreiche Position im Hintergrund.

LInie 5 wandelt sich zu Hexagramm 48
Erfolg kann zur Droge werden. Gerade jetzt ist es wichtig, sachlich und sorgfältig jede weitere Bewegung zu planen und langsam vorzugehen, dann werden wir auch das erreichen, was möglich ist.

Linie 6 wandelt sich zu Hexagramm 18

Nach jedem Aufstieg kommt ein Abstieg. Hier wird das vergessen. Wenn man nicht in Ruhephasen gehen und sein Vorgehen betrachten kann, wird Verdorbenes geschaffen, und faule Früchte werden der Lohn sein.

47. KUN / Die Erschöpfung

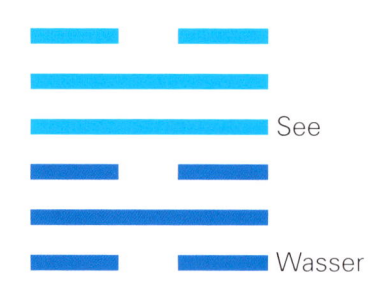

See

Wasser

Das Wasser ist unterhalb des Sees. Der See ist ausgetrocknet, deshalb nennt sich dieses Zeichen „Die Erschöpfung". Wir benötigen Wasser, um lebendig zu sein. Etwas zu erreichen ist nicht mehr möglich, wir haben unsere Kraftreserven aufgebraucht und jedes Warnzeichen überhört. Jetzt geht nichts mehr. Ruhezeiten sind angesagt, bis der See wieder voll Wasser ist und wir wieder aus dem Vollen schöpfen können. Wir können es auch vergleichen mit einem Akku, der wieder aufgeladen werden muss. Aus der tiefen Ruhe kommt die Kraft. In der heutigen Zeit versperren wir uns oft diese natürliche Kraftstation mit zu viel Ablenkung durch äußere Einflüsse.

Neben dem einfachen Hineingehen in die Ruhe, z. B durch Rumgammeln, Dösen, Waldspaziergang oder Meditation, sind eine gut funktionierende Partnerschaft, echte Freunde und wertschätzende Familienverhältnisse entscheidende Faktoren, wodurch wir unsere Kraftreserven wieder erneuern können.

LInie 1 wandelt sich zu Hexagramm 58

Wir verharren ängstlich und bewegen uns nicht mehr. Dies ist falsches Handeln in dieser Notlage und bringt uns in arge Bedrängnis. Wenn wir nicht langsam und beharrlich weiterschreiten und uns um Wissen und Erkenntnisse bemühen, wird alles noch schlimmer.

Linie 2 wandelt sich zu Hexagramm 45

Für die Ernährung ist gut gesorgt, doch das Leben wird geprägt von Langeweile. Es gibt Aussicht auf eine interessante Veränderung, doch es bestehen noch Hemmnisse. Wir sollten die möglichen Probleme in Ruhe betrachten, damit wir auf die Schwierigkeiten vorbereitet sind. Sonst passieren im Äußeren unheilvolle Dinge.

Linie 3 wandelt sich zu Hexagramm 28

Ein Mensch sieht die Notzeiten und rennt aufgeregt hin und her, statt das Übel mit Ruhe und entsprechender Strategie an der Wurzel zu packen, was leicht möglich wäre. Er sieht den für ihn allernächsten Menschen nicht mehr und begibt sich auf einen gefährlichen Weg.

Linie 4 wandelt sich zu Hexagramm 29

In einer schwierigen Lage hilft ein mit großen Gaben gesegneter Mensch nicht mit vollem Herzen, wo es sofort erforderlich wäre. Es gibt Hemmnisse, und er wird von mächtigen Personen vereinnahmt. Doch die Zeiten bessern sich und die Dinge regeln sich im Guten.

Linie 5 wandelt sich zu Hexagramm 40

Es gibt Situationen, in denen man gerne sofort helfen möchte und auch das notwendige Potenzial dafür besitzt. Doch man ist wie gefesselt und kann deshalb den Menschen, denen man gerne helfen möchte, nicht die richtige Unterstützung geben. Andere halten sich nicht an ihre Aufgaben und entziehen sich der Hilfestellung. Jetzt kann man nur ruhig abwarten, z. B. durch Meditation, bis sich die Situation von selbst bessert.

Linie 6 wandelt sich zu Hexagramm 6
Eine ähnliche Situation hatte man schon einmal, und sie war schwierig. Doch diesmal ist alles leicht. Wenn wir eine klare innere Entscheidung treffen, die alten Fehler bereuen und dann in Bewegung kommen, werden wir uns mühelos von dieser Bedrängnis befreien.

48. DSING / Der Brunnen

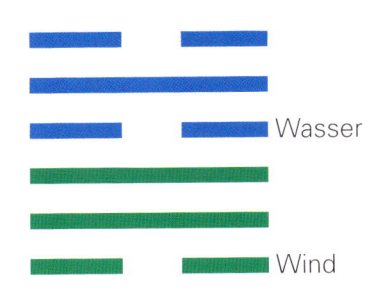

Wasser

Wind

Warum dieses Zeichen der Brunnen heißt, werden Sie verstehen, wenn wir etwas tiefer ins I Ging einsteigen. Das untere Trigramm ist der Wind, das alte Holz, mit seinen vielfältigen Erfahrungen und Kenntnissen. Diese Kenntnisse müssen abgeschöpft werden, dafür gibt es auf den Linien 2, 3, 4 den See, der ja ein Gefäß, und hier natürlich speziell den Brunneneimer, zeigt. Die fünfte Linie deutet die Kurbel an, mit dem der Eimer nach oben befördert wird. Der Brunnen zeigt die Talente in uns, welche abgeschöpft werden müssen. Unsere Aufgabe ist es, unseren Brunnen zu pflegen und für klares Wasser zu sorgen, damit sich unsere inneren Talente entwickeln können und andere Menschen gerne zu unserem Brunnen kommen und sich daran erfrischen können.

Oft vergessen wir unsere Talente und werden deshalb unzufrieden und krank. Wenn wir „der werden, der wir werden können," dann entfernen sich viele Kränkungen und damit Krankheiten von selbst. Dies geht nur, wenn wir uns von den falschen elterlichen und gesellschaftlichen Botschaften trennen. Eine Erfahrung, die ich an mir selbst sehr lehrreich erleben durfte.

Linie 1 wandelt sich zu Hexagramm 5
Im Brunnen befindet sich Schlamm, und deshalb können wir unsere Gaben nicht weitergeben. Wenn man nicht endlich anfängt, sich von seinem Schlamm zu befreien, wird man schließlich in Einsamkeit enden.

Linie 2 wandelt sich zu Hexagramm 39

Auf dieser Linie hat der Brunnen klares Wasser, man kann die Talente klar erkennen, doch sie werden nicht gepflegt. Dies führt dazu, dass man verwahrlost und sich mit sinnlosen Dingen und nicht förderlichen Menschen beschäftigt. Hierdurch wird man immer träger und unfähiger.

Linie 3 wandelt sich zu Hexagramm 29

Dieser Mensch hat große, klare Talente. Da ihn niemand kennt, kann er sich nicht nützlich machen. Andere möchten, dass ein einflussreicher Mensch von dieser Person erfährt, damit er die Fähigkeiten zum Wohle aller einsetzen kann.

Linie 4 wandelt sich zu Hexagramm 28

Der fähigste Mensch braucht Zeiten, in denen er seine Gaben nicht weitergibt, um sich zu ordnen. Das Innere wird hierdurch gestärkt, um in Zukunft mehr schaffen zu können.

Linie 5 wandelt sich zu Hexagramm 46

Hier hat ein Mensch große und klare Kenntnisse, um anderen zu helfen. Doch dies allein bringt nichts, diese Kenntnisse sollten, um nutzvoll zu sein, in verständliche, lebendige Bilder und Worte gekleidet werden, damit sie bei den Menschen ankommen und Eingang ins tägliche Leben finden.

Linie 6 wandelt sich zu Hexagramm 57

Hier hat jemand seine Gaben so ausgebildet, dass viele Menschen kommen und sich an dem Brunnen mit dem großen Wissen bereichern. Je mehr von seinen Fähigkeit gebraucht werden umso reichhaltiger werden sie.

49. GO / Die Umwälzung

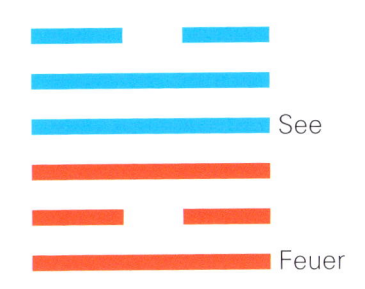

See

Feuer

Das Feuer unten bringt das Wasser im See zum Kochen. Das Feuer wandelt das Holz in Hitze um, wirkt auf das Wasser ein und dieses verwandelt sich in Dampf. Dies ist das Symbol für die Umwälzung. Wenn wir im Leben etwas verändern wollen, müssen wir Feuer und Flamme sein, um auf etwas einzuwirken. Wir verändern die Situation, auf die wir einwirken, und uns selbst. Umwälzung bedeutet, etwas zu tun, was man noch nie getan hat, damit man etwas erreicht, was man noch nie erreicht hat. Erst dadurch sind durchgreifende Veränderungen möglich.

Umwälzungen sollten nicht leichtfertig eingeleitet werden, sondern nur dann, wenn alles andere probiert worden ist und man immer wieder auf diesen Missstand hingewiesen wird.

Dann werden uns auch Möglichkeiten gegeben, die wir benötigen, um die Umwälzung zu bewältigen.

Linie 1 wandelt sich zu Hexagramm 31

Die Umwälzung steht am Anfang, deshalb sollten wir uns noch zurückhalten. Jetzt gilt es, sich erstmal der Situation zu fügen und dafür zu sorgen, dass wir klar in unserer Mitte sind. Zu frühes Vorgehen bedeutet nur negatives Einwirken und Vergeudung der Kraft.

Linie 2 wandelt sich zu Hexagramm 43

Aller Einsatz, um die Situation zu verändern, hat nichts gebracht. Die anstehende radikale Veränderung muss jetzt sorgfältig geplant werden. Dafür wird ein Mensch benötigt, dem alle vertrauen und der die geforderte Klarheit besitzt. Auf diesen Menschen muss man zugehen.

Linie 3 wandelt sich zu Hexagramm 17

Bei anstehenden Veränderungen gibt es zwei schlechte Verhaltensweisen. Die Erste: Man ändert schnell und gnadenlos durch Oberflächlichkeit ohne tiefes Durchdenken. Die Zweite: Man zögert ständig und trifft dadurch keine Entscheidung und gibt damit die Kontrolle über sein Leben ab. Wenn aber immer wieder ernsthafte Hinweise auftauchen, dass es in der bisherigen Weise nicht mehr funktioniert, dann sollte man nach dem dritten Indikator mit Sorgfalt die Umwälzung durchführen.

Linie 4 wandelt sich zu Hexagramm 63

Hier geht es um die grundsätzliche Änderung der Ordnung. Diese Veränderungen können nur durch eine einflussreichen Person erfolgen und müssen von großen, menschlichen Werten getragen sein, sonst wird sie nicht von allen befürwortet und führt zur Verwirrung.

Linie 5 wandelt sich zu Hexagramm 55

Wenn ein sehr fähiger Mensch eine Umwälzung durchführt, sind die Regeln so klar und eindeutig, dass alle sie verstehen und befürworten.

Linie 6 wandelt sich zu Hexagramm 13

Die neue Ordnung hat sich jetzt durchgesetzt. Was jetzt noch zu korrigieren ist, führt nicht mehr zu einer grundsätzlichen Richtungsänderung. Wichtig ist, nicht noch mehr erreichen zu wollen, denn das führt zu neuen schwierigen Situationen. Oberflächliche Menschen ändern sich nur im Äußeren, mehr sollten wir auch nicht von ihnen verlangen.

50. DING / Der Tiegel

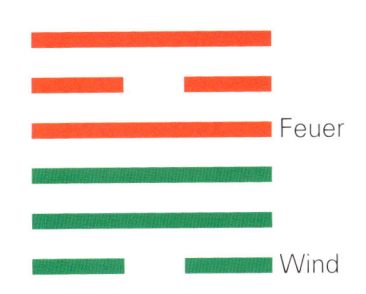

Feuer

Wind

Der Wind, das alte, trockene Holz unten hat genug Vorräte, um das oben stehende Trigramm Feuer sehr gut zu nähren.

Der Tiegel war ein großer Kessel aus Bronze, aus dem der Gastgeber seinen Gästen die Speisen persönlich servierte. Symbolisch steht dieses Zeichen für eine reichhaltige, kulturell hochstehende Epoche, in der genug tatsächliche Nahrung und geistige Nahrung vorhanden ist und gerne verteilt wird.

Wenn wir also in unserem Inneren gute Vorräte anlegen, insbesondere an Wissen und geistiger Nahrung, dann können wir damit unsere Mitmenschen sinnvoll nähren. Dieses setzt voraus, dass wir uns zuerst gründlich Fähigkeiten und Wissen aneignen, um diese später gerne nach außen zu geben.

Zur Wissensaneignung und zur freigiebigen Verteilung dieser geistigen Nahrung benötigen wir eine tiefe, durchdringende Entschlossenheit.

Linie 1 wandelt sich zu Hexagramm 14

Es gibt noch innere Zweifel in uns. Doch diese lassen sich leicht beseitigen, wie ein Kessel, den man zur Reinigung umkippt und aus dem der lose Dreck herausfällt. Dann führt dies dazu, dass wir unsere Begabungen sinnvoll einsetzen können und belohnt werden.

Linie 2 wandelt sich zu Hexagramm 56
Wenn wir gute Arbeit leisten, kann dies zu Missgunst bei anderen Personen führen. Wichtig hierbei ist, bei seiner Leistung zu bleiben und sich nicht vom Neidvirus anstecken zu lassen. Dieses Verhalten hilft einem sich selbst treu zu bleiben.

Linie 3 wandelt sich zu Hexagramm 64
Beachtung der hervorragenden Talente findet nicht statt, da diese nicht erkannt werden und man nicht gesehen wird. Wenn man in dieser schweren Zeit seinen Werten treu bleibt und seine Fähigkeiten verfeinert, dann kommt auf Dauer der Erfolg von selbst.

Linie 4 wandelt sich zu Hexagramm 18
Wenn man schwierige Aufgaben wirklich lösen will, dann muss man sich ihnen mit ganzem Herzen zuwenden. Hier wird dies nicht getan und sogar noch der Kontakt zu unförderlichen Menschen gesucht. Deshalb wird es nicht geschafft, und man erhält berechtigterweise heftige Vorwürfe.

Linie 5 wandelt sich zu Hexagramm 44
Bescheiden, offen und kompetent in hoher Position, hierdurch findet man bereitwillige, fähige Helfer und kann seine Arbeit mit ihnen beständig fortführen.

Linie 6 wandelt sich zu Hexagramm 32
Gütig und offen mit Weisheit gibt jemand hier sein Wissen an die Allgemeinheit gerne weiter. Dies führt zu großer Anerkennung bei den Menschen.

51. DSCHEN / Das Erregende

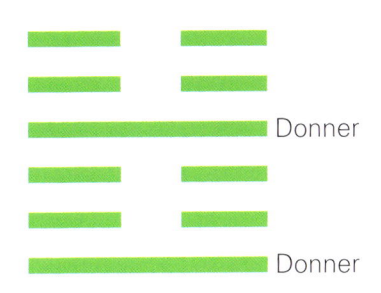

Donner

Donner

Zweimal Donner, da ist logischerweise viel in Bewegung. Hier sind viele Erschütterungen, die Angst machen können. Wenn uns diese Angst nicht lähmt, können wir in dieser Zeit des Umbruches einiges erreichen.

Der Donner hat die Aufgabe, uns aus gewohnten, für uns nicht günstigen Lebensmustern herauszubringen. Deshalb wird er auch der Impulsgeber genannt. Er stößt uns an, damit wir endlich in Bewegung kommen. Das helle Grün des Doppeldonners zeigt an, dass es ein junges Pflänzchen mit viel Kraft ist, welches aber die Wachstumsrichtung noch finden muss.

Dieses Zeichen wird auch der Pubertät zugeordnet und beschreibt, dass man zwischen einer alten bekannten Erfahrung (hier die Kindheit) und etwas Neuem (hier das unbekannte Erwachsensein) hin- und hergeworfen wird. Den für uns passenden Weg müssen wir noch durch viele Erschütterungen und Irrwege gestalten. Doch sich regen bringt Segen. Seinen Weg zu gehen ist wichtiger, als ständig davon geleitet zu sein, immer alles im Voraus richtig machen zu müssen.

Lernen aus Fehlern ist wichtiger als ständig zu zögern, um bloß nie einen Fehler zu machen.

Linie 1 wandelt sich zu Hexagramm 16

Wir werden in unseren Grundfesten erschüttert. Wir kommen hierdurch scheinbar gegenüber den anderen in eine ungünstige Lage. Doch wenn die unheilvolle Situation sich beruhigt hat, werden wir von den neuen Verhältnissen erfreut sein.

Linie 2 wandelt sich zu Hexagramm 54

Vergleichbar mit einem plötzlichen, unerwarteten Aktienabsturz, verliert man seinen Reichtum. Das Bemühen, alles wieder zurückzubekommen, bringt nichts. Loslassen ist das Gebot der Zeit. Rückzug aus der Gefahr in eine sehr geschützte Umgebung, dann kommt alles zur rechten Zeit von selbst zurück.

Linie 3 wandelt sich zu Hexagramm 55

Jetzt ist Handeln angesagt! Dieses Ereignis raubt uns die ruhende Kraft, deshalb sehen wir unsere Chancen nicht mehr. Wenn wir aus dieser inneren lähmenden Bewegungsangst herauskommen, dann können wir diese Situation leicht bewältigen.

Linie 4 wandelt sich zu Hexagramm 24

Nichts steht einem entgegen, dennoch stellt sich kein Erfolg ein. Etwas wie zähe, klebende Masse sorgt dafür, dass wir uns nicht richtig bewegen können. Jetzt gilt es, sich mit kraftvoller Bewegung aus dieser Trägheit zu befreien, dann löst sie sich.

Linie 5 wandelt sich zu Hexagramm 17

In der inneren Ruhe liegt die Kraft. Donner über Donner, es knallt gefährlich an allen Ecken und Kanten. An Ausruhen ist nicht zu denken. Da man sich von diesen Erschütterungen nicht beirren lässt und in seiner Mitte bleibt, passiert nichts Gefährliches, und es gibt Gewinne.

Linie 6 wandelt sich zu Hexagramm 21

Erregende, ängstliche, unklare und zerbrechende Verhältnisse stecken viele Menschen an. Wer sich rechtzeitig aus diesen Tumulten zurückzieht, bewahrt sich vor dieser Ansteckung und wird nicht gemindert. Die schon von der Erregung Beeinflussten sind zornig über unser Verhalten. Dies sollte uns nicht beirren.

52. GEN / Das Stillhalten

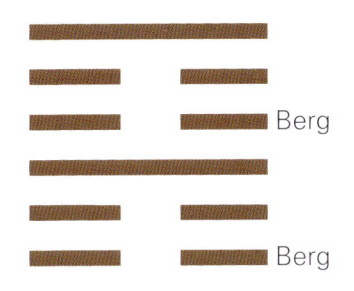

Berg

Berg

Der Berg steht für das Sammeln von Ruhe und Kraft. Diese Ruhe sollte freiwillig aus dem Herzen kommen, dann sorgt sie dauerhaft für notwendige Kraftaufladung. Es gibt Zeiten, in denen ein Rückzug in sich selbst das Allerwichtigste ist, damit wir unsere Kräfte für neue Aufgaben sammeln. Keine Aktivität nach außen ist für viele Nichtstun, doch dies ist ein Trugschluss. Wer sich in die absolute Ruhe bringt, kann sich stärken, alles betrachten und hieraus sinnvolle Handlungsmöglichkeiten für seinen weiteren Weg ableiten.

Durch das Betrachten unserer Situation können wir auf ungewöhnliche Lösungen kommen und uns hierdurch von negativen Mustern und quälenden Fesseln befreien. In der Ruhe liegt die Kraft. Ein wichtiger Hinweis in einer

Zeit, in der es den Glauben gibt, dass hektische Betriebsamkeit zu dauerhaftem Erfolg führt.

Linie 1 wandelt sich zu Hexagramm 22
„In die Ruhe" gehen vor dem Beginn von etwas Neuem. In sich hineinhorchen, auf seine innere Stimme hören und zuerst jede Aktivität vermeiden. Dieses wertfreie Betrachten, ohne dass sich unser Egoismus nach vorne drängt, führt in Folge zum richtigen Handeln.

Linie 2 wandelt sich zu Hexagramm 18
Plötzlich mitgerissen durch die impulsiven Bewegungen einer mächtigen Person, gerät man aus seinem Gleichgewicht. Man kann in dieser Situation nichts tun und hat unter dieser von außen erzwungenen Hilflosigkeit zu leiden.

Linie 3 wandelt sich zu Hexagramm 23
Rastloses Herz kommt nicht in die Ruhe. Jetzt die Ruhe erzwingen zu wollen durch Meditation oder andere Entspannungstechniken, wird gefährlich. Körperliche sanfte Bewegungen (Spazierengehen, Joggen oder Walken) sind jetzt sinnvoll, damit sich das rastlose Herz beruhigen kann.

Linie 4 wandelt sich zu Hexagramm 56
Noch erreichen wir nicht die absolute Ebene des freiheitlichen Innehaltens. Doch schaffen wir es schon häufiger, unser Ego auszuschalten. Und dies hat förderliche Wirkung auf die Ruhe unseres Herzens. Die Richtung stimmt!

Linie 5 wandelt sich zu Hexagramm 53

Unbedachtes Sprechen und oberflächlicher Humor in gefahrvollen Momenten führen in eine schwierige Situation. Den Mund bedächtig verschlossen zu halten, diese Einstellung führt uns auf den richtigen Pfad und bewahrt uns vor unnötigen Verwicklungen.

Linie 6 wandelt sich zu Hexagramm 15

Ein langer Weg zum freien Innehalten liegt hinter dieser Person. Jetzt strahlt sie diese gelebte Ruhe würdevoll aus, und dies bedeutet tiefes, inneres Glück.

53. DSIEN / Die allmähliche Entwicklung

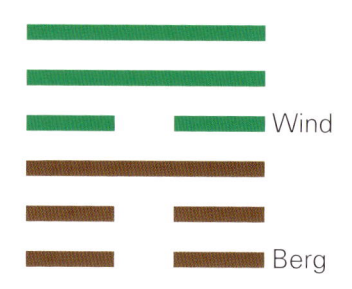

Wind

Berg

Der Berg unten mit seinem Wissen und seiner Ruhe wird langsam verändert durch die Beeinflussung vom obigen Trigramm, dem Wind. Noch ein zweites Bild zeigt, dass es hier nicht um eine schnelle Entwicklung geht. Auf dem Berg steht ein alter, tief gewurzelter Baum (Trigramm Wind, das Symbol für altes Holz). Er kann wachsen, doch es braucht bei diesen klimatischen Verhältnissen viel Zeit und eine starke, tiefe Wurzelung, damit er überleben kann.

Der Wunsch vieler Menschen ist eine schnelle Entwicklung, doch etwas Gutes und Sinnvolles braucht Zeit, eine stabile Grundlage von Wissen und Ruhe und eine ständige Beeinflussung,

Falls wir es ernst meinen mit der Erreichung eines großen Ziels, dann müssen wir endgültig mit unseren Provisorien aufräumen, da uns diese sonst wieder die Grundlage für eine gesunde Entwicklung rauben. Provisorien können zum Beispiel sein: Übereiltes Fertigstellen eines Vorhabens, Habgier oder die Rücksichtslosigkeit gegenüber Menschen, die anders denken.

Linie 1 wandelt sich zu Hexagramm 37

Diese Linie zeigt einen Menschen, der damit beginnt, sein Leben in die eigene Hand zu nehmen. Man bekommt keine Förderung von anderen Menschen. Die ersten Schritte in dieser gefahrvollen Situation sind vorsichtig und bedächtig. Dieses Handeln führt zu langsamer Entwicklung.

Linie 2 wandelt sich zu Hexagramm 57
Die ersten Hürden des selbstständigen Werdegangs sind mit Zuversicht geschafft. Man erhält eine erste gesicherte Position, die einen ernährt. Freude und Lohn wird gerne mit anderen geteilt.

Linie 3 wandelt sich zu Hexagramm 20
Wenn wir an den Ort gehen, der nicht unserer Natur entspricht, dann verlieren wir uns. Besser sollten wir am richtigen Ort verweilen und der Entwicklung Zeit lassen. Es kann erforderlich sein, diese Position gegen andere hartnäckig zu verteidigen. Dies führt zum Fortschritt.

Linie 4 wandelt sich zu Hexagramm 33
Manchmal haben wir sehr gefährliche Lebensumstände, die nicht zu uns passen. In einer solchen schwierigen Lage sollten wir uns flexibel und einsichtig verhalten. Dann besteht die Möglichkeit, in dieser Situation zurechtzukommen.

Linie 5 wandelt sich zu Hexagramm 52
Unsere wahren Absichten werden von einer uns nahestehenden Person nicht erkannt. Unehrliche Menschen drängen sich dazwischen. Lange Wartezeit löst diese Verwicklungen auf, und es kommt dann zur Verschmelzung mit der Person.

Linie 6 wandelt sich zu Hexagramm 39
Etwas sehr Großes ist vollendet. Wir sind fröhlich und freuen uns himmlisch, was nach den langen Entbehrungen auch verständlich ist. Man besitzt sehr viel Stärke und Wissen, um Vorbild zu sein und um andere in ihren schwierigen Lebenslagen sinnvoll und weise zu unterstützen.

54. GUI ME / Die triebhaften Neigungen

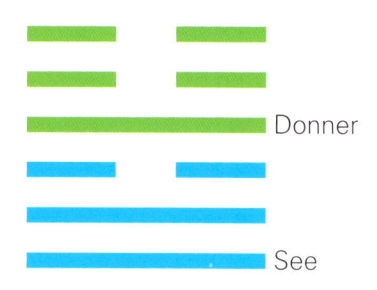

Donner

See

Dieses Zeichen beschäftigt sich unter anderem mit unseren Trieben. Hört sich beim ersten Hinhören gar nicht so gut an. Wenn wir uns etwas mit Sigmund Freud beschäftigt haben, dann wissen wir, dass Triebunterdrückung zu mächtigen Schäden führen kann.

Unten der See steht für Freude und Lust, oben der Donner steht für Spontanität und schnelle Erregung. Das untere Zeichen ist das Zeichen mit der größten weiblichen Lust, das obere Zeichen das mit der größten männlichen Erregung. Neben der Sexualität geht es bei diesem Zeichen insgesamt um den Umgang mit unseren emotionalen Wünschen und Bedürfnissen.

Es geht dabei nicht um moralische Bewertung, sondern um den rechten Umgang, denn wenn wir unsere Triebe sinnvoll befriedigen, kommen wir völlig automatisch zu einem glücklichen Leben. Befriedigen wir unsere Triebe nicht entsprechend der Natur, führt dies oft zu Ersatzbefriedigungen, wie z. B Kauf- oder Fresssucht, Abwertung/Unterdrückung von Andersdenkenden und/oder zu Krankheiten (Krankheit = Kränkung). Weitere Informationen zu diesem Zeichen finden Sie unter Kapitel 7.

Linie 1 wandelt sich zu Hexagramm 40
Ein über uns stehender Mensch zieht uns ins Vertrauen. Wir dürfen uns darüber freuen, sollten aber dieses machtvolle Vertrauen nicht triebgesteuert nach

außen demonstrieren. Ein demütiges, dankbares, zurückhaltendes Verhalten bringt glücklichen Einfluss.

Linie 2 wandelt sich zu Hexagramm 51
Jemand wird tief enttäuscht von einer ihm nahestehenden Person. In Einsamkeit bleibt man trotz dieser enttäuschenden Lage der Person treu.

Linie 3 wandelt sich zu Hexagramm 34
Wir verlieren einen Teil unseres Ansehens, da wir auf nicht korrektem Wege und gegen unser persönliches Wertesystem die lustvollen Triebe grenzenlos befriedigen. Große körperliche und seelische Erschütterungen sind die natürliche Folge.

Linie 4 wandelt sich zu Hexagramm 19
Statt ein schlechtes, kurzfristiges, triebhaftes Angebot im Sinne einer Prostitution anzunehmen, hört diese Person auf die Stimme ihres Herzens. Sie wird später für das lange Warten belohnt.

Linie 5 wandelt sich zu Hexagramm 58
Es gibt Lebenspositionen, da steht man unter einer Person, obgleich man von seiner Herkunft und/oder dem Wissen darüber stehen müsste. Diese freiwillige, emotionslose Unterordnung ohne Arroganz führt zum Gelingen.

Linie 6 wandelt sich zu Hexagramm 38
Wenn die oberflächliche Vertragserfüllung (Ehe, Arbeits-, oder Dienstleistungsvertrag) wichtiger erscheint als die tatsächlichen Inhalte, dann hat dieses Verhalten keinen Sinn und man wird gehemmt.

55. FONG / Die Fülle

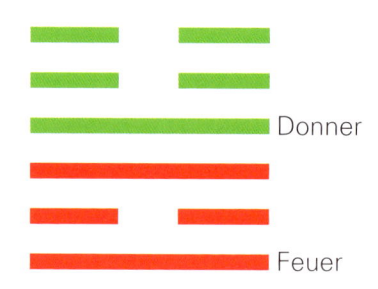

Donner

Feuer

Durch die Beschäftigung mit dem I Ging haben Sie mittlerweile erfahren, dass ein Trigramm eine andere Wirkung bekommt, je nachdem, ob es im Hexagramm oben oder unten steht und wie das zweite Trigramm einwirkt. Bei diesem Hexagramm „Die Fülle" ist der Donner, das junge Holz, oben deutlich kräftiger, als wenn er unten stehen würde. Er hat schon einige Erfahrungen gemacht und erntet die Früchte seiner Arbeit. Von unten wird er durch die Wärme, Klarheit und Intelligenz des Feuers gefördert, hierdurch kommt es zu großem Wachstum und zu einer reichhaltigen Ernte. Die Fülle steht nicht nur für das Materielle, sie ist auch Zeichen für eine Gesellschaft, welche die hochstehende kulturelle Zeit erlebt. Diese Fülle kann man vergleichen mit dem Höchststand der Sonne, danach kommt folgerichtig der Abstieg. Wer die Prinzipien der Natur kennt, sollte sich jetzt freuen und nicht über das Zukünftige jammern. Nach jedem Aufstieg kommt ein Abstieg.

„Wenn du etwas festhalten willst, wirst Du es verlieren." (Konfuzius)

Linie 1 wandelt sich zu Hexagramm 62

Zwei Menschen können gemeinsam eine befristete Zeit lang viel bewirken, wenn sie ohne Konkurrenzdenken sind. Wenn einer von beiden die Klarheit und Wärme vom Feuer besitzt und der andere die impulsive Bewegung vom Donner, werden Sie Erfolg haben.

Linie 2 wandelt sich zu Hexagramm 34
Durch negative Einflüsse von außen können Menschen nicht zusammenwirken. Hingehen würde den Zorn und das Misstrauen der Mitmenschen erwecken. Da hilft nur, bei seinen Werten zu bleiben, bis dieser Nebel sich von selbst lichtet.

Linie 3 wandelt sich zu Hexagramm 51
Menschen mit niedrigen Motiven beeinflussen einen mächtigen Menschen. Die Ehrlichen und Tüchtigen können nicht handeln, obgleich sie es sich wünschen.

Linie 4 wandelt sich zu Hexagramm 36
Sehr viel Energie ist da, sie wird ergänzt durch eine hochstehende Person mit sehr viel Erfahrung. Dies sind gute Voraussetzungen, nun Sinnvolles zu bewirken.

Linie 5 wandelt sich zu Hexagramm 49
Ein machtvoller Mensch hat Glück durch seine bescheidene Art. Hierdurch erhält er Unterstützung zum richtigen Handeln durch ehrliche und wissende Menschen. Dies bedeutet Glück für viele Menschen.

Linie 6 wandelt sich zu Hexagramm 30
Hier passt das Sprichwort „Hochmut kommt vor dem Fall". Jemand will mit aller Gewalt Macht und Fülle haben. Dadurch wenden sich viele von ihm ab, und großes Unglück kommt zu ihm.

56. LÜ / Der Wanderer / Aufbruch zu neuen Ufern

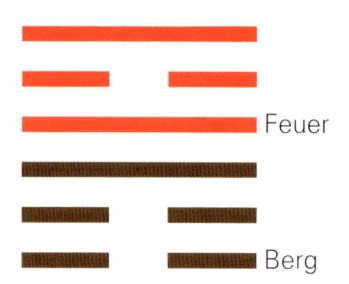

Feuer

Berg

Das Bild des Wanderers hat unten den „Berg" und oben das „Feuer". Dies deutet darauf hin, dass wir mit unserem Wissen neue und unbekannte Wege gehen. Damit verbunden ist die Trennung von bisherigen, zum Teil lieb gewonnenen Personen und Dingen. Auf der Wanderschaft gilt es nur Notwendiges mitzunehmen und auf Ballast zu verzichten.

Das obere Trigramm „Feuer" zeigt die Unruhe, endlich aufbrechen zu wollen, um neue Erfahrungen zu machen. Wenn wir in die Fremde kommen, müssen wir uns vorsichtig verhalten, weil uns niemand kennt und wir eventuell als Störenfried oder Eindringling angesehen werden. Das Geheimnis für gastliche Aufnahme ist ein freundliches, nicht zu intimes Verhalten zu den neuen Personen. Einem Wanderer, der ruppig ist, wird großes Misstrauen entgegengebracht, und die Tür der Gastfreundschaft bleibt geschlossen.

Ein Aufbruch zu neuen Ufern kann ganz schnell zur großen Überlastung werden, wenn wir nicht mit unseren Kräften haushalten. Wir sollten deshalb Ruhepausen einplanen.

Linie 1 wandelt sich zu Hexagramm 30

Als Fremder in niedriger Position sind wir schutzlos und haben nirgendwo Rückhalt. Deshalb sollten wir uns nicht mit sinnlosen und für uns wenig förderlichen Angelegenheiten auseinandersetzen. Oberflächlicher und unbedachter Humor und ironische Bemerkungen sorgen dafür, dass die Menschen abfällig reden und sich abwenden.

Linie 2 wandelt sich zu Hexagramm 50
Viele Dinge hat dieser Wanderer hinter sich gelassen und findet durch seine bescheidene Art eine Unterkunft in der Fremde. Die Menschen vertrauen ihm, sodass er mit seinen Fähigkeiten Geld verdient und einen ergebenen und treuen Helfer findet.

Linie 3 wandelt sich zu Hexagramm 35
Gewalttätig und sehr emotional mischt sich dieser Mensch in fremde Angelegenheiten ein und behandelt seinen Helfer von oben herab. Dies führt dazu, dass er seine Unterkunft und seinen Helfer verliert. So steht er alleine da.

Linie 4 wandelt sich zu Hexagramm 52
Durch Bescheidenheit im äußeren Auftritt und Festigkeit im Inneren findet dieser Wanderer eine Unterkunft und Eigentum. Zufriedenheit kommt nicht auf, weil er ständig sein Eigentum verteidigen muss. Er befindet sich mit seinem traurigen Herz in einem unbekannten Land.

Linie 5 wandelt sich zu Hexagramm 33
Dieser Fremde ist gezwungen, sich an einem unbekannten Ort niederzulassen. Durch eine gute Tat findet er Fürsprecher und erhält hierdurch Zugang zu einem einflussreichen Menschen. Dadurch wird er in eine freundschaftliche Gemeinschaft aufgenommen und bekommt eine gute Tätigkeit.

Linie 6 wandelt sich zu Hexagramm 62

Hier vernichtet jemand leichtsinnig seine Position, weil sich aus versteckter, nicht behobener Angst Arroganz und Hochmut bei ihm eingeschlichen haben. Dieser zu laut lachende Mensch hat vergessen, wie sich ein Fremder benehmen sollte, um akzeptiert zu werden. Spätere Traurigkeit führt vielleicht zur Einsicht.

57. SUN / Das Sanfte

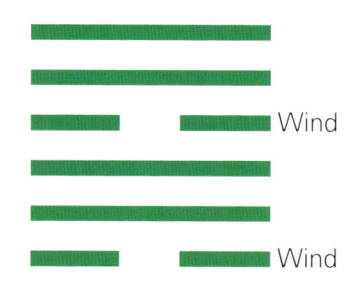

```
━━━━━━━━━
━━━━━━━━━
━━━   ━━━  Wind
━━━━━━━━━
━━━━━━━━━
━━━   ━━━  Wind
```

Wind über dem Wind bedeutet das sanfte Eindringen in Situationen. Zweimal das alte Holz zeigt viel Erfahrung und Klarheit in den Gedanken. Dieses Zeichen zeigt ein heimliches Prinzip des Erfolges, das sanfte, aber dauerhafte Einwirken auf Personen oder Gegenstände. Diese Veränderung ist nicht sofort spürbar, und doch hat sie durch das Kontinuierliche einen langfristigen Erfolg, den wir beachten sollten. Viele Menschen unterschätzen die Kraft der Kontinuität. Wenn wir uns z. B. täglich zehn Minuten mit einem Interessensgebiet befassen, wird am Anfang unsere Wissenserweiterung kaum bemerkt. Wenn wir dieses konsequent z. B. über Jahre hinweg machen, haben wir ein Wissen angesammelt, das nur schwer zu erlangen ist. Ein deutsches Sprichwort passt gut dazu: „Steter Tropfen höhlt den Stein." So erforsche ich z. B seit 1993 täglich mindestens 10 Minuten lang die Tiefen des I Gings. Es gab seitdem für mich keinen Tag ohne I Ging! Wo liegen Ihre Begabungen oder Ihre Interessen? Mit der Beharrlichkeit des Windes können Sie Ihre Ziele, die zu Ihnen passen, mittelfristig erreichen.

Linie 1 wandelt sich zu Hexagramm 9
Klare Entscheidungen sollten wir treffen. Entweder klar ohne „Wenn und Aber" nach vorne weitergehen oder einen eindeutigen Rückzug einleiten. Halbherzige, disziplinlose Entscheidungen führen zu nichts.

Linie 2 wandelt sich zu Hexagramm 53
Verborgenes und Negatives, das die Menschen unbewusst beeinflusst, beschreibt diese Situation. Die Ursachen sollte man bis ins Detail aufspüren. Keine leichte Aufgabe, denn sie sind ziemlich versteckt. Wir brauchen gute Experten zum Aufspüren und zur Beseitigung dieses Übels.

Linie 3 wandelt sich zu Hexagramm 59
Eine Angelegenheit gründlich zu durchdenken, um sich dann klar zu entscheiden, führt zum Erfolg. Zögern und immer wieder Hinterfragen ist dauerhaft nicht angesagt. Es schwächt nur die Handlungsfähigkeit und kann sogar dazu führen, dass man sich völlig treiben lässt.

Linie 4 wandelt sich zu Hexagramm 44
Wenn wir in maßgeblicher Position etwas erreichen wollen, dann benötigen wir Bescheidenheit, einen großen Erfahrungsschatz und energisches Handeln. Dann wird das, was wir anstreben, sehr erfolgreich.

Linie 5 wandelt sich zu Hexagramm 18

Das, was wir begonnen haben, wurde ohne die notwendige Sorgfalt durchgeführt. Jetzt geht es darum, mit Ehrlichkeit und viel Sorgfalt die Lage zu analysieren. Hierdurch können wir notwendige Korrekturen erkennen und anbringen. Die Auswirkungen des neuen Handelns sollten wir genau beobachten. Ein solches Vorgehen führt zum Erfolg.

Linie 6 wandelt sich zu Hexagramm 48

Mit der Beharrlichkeit können wir es übertreiben. Wenn wir in die Ursachen des Negativen gewissenhaft bis ins kleinste Teil eindringen, erschöpfen wir unsere Kraft und können vieles verlieren. Es sind dann keine Reserven mehr da, um Veränderungen zu bewirken. Deshalb sollte man sich nicht mehr mit dieser Angelegenheit beschäftigen und sich besser förderlichen Dingen zuwenden.

58. DUI / Das Heitere

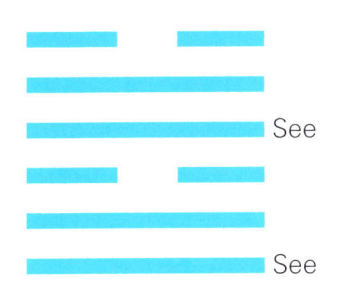

See

See

Zweimal der See. Die Heiterkeit im doppelten Sinne. Hier geht es um Fröhlichkeit, Kommunikation und darum, das Leben auf verschiedenen Ebenen zu genießen. Damit ist im harmonischen Zustand nicht Oberflächlichkeit gemeint, sondern Freude, die durch vorherige innere Klärung wie von selbst kommt. Dies wird angedeutet durch die zwei unteren Yangstriche bei jedem Trigramm. Sie zeigen große Festigkeit, und die obere Yinlinie wirkt gleichzeitig nach außen mit Weichheit und Milde. Solche Menschen begeistern mit echter, unverfälschter Heiterkeit und berühren uns tief, da sie mit Ehrlichkeit daherkommen ohne berechnende Absicht zu kommunizieren. Wenn wir mit solchen Menschen zusammenkommen, verfliegt das Schwere oft in uns. Es scheint so, als ob wir unseren leeren Akku bei ihnen leicht aufladen können.

Linie 1 wandelt sich zu Hexagramm 47

In seiner tiefen, gesammelten Freude zu sein, ohne von außen etwas zu fordern. Diese herzliche Freude ist unvergänglich und eine bedeutsame Form von Freiheit, da sie von nichts abhängig ist.

Linie 2 wandelt sich zu Hexagramm 17

Von Menschen, die nur an ihre Vorteile denken, werden oft nur oberflächliche Freuden angeboten. Diese sollten einen nicht anziehen, da so etwas nur zu

Problemen führt. Die Situation zu betrachten und bei seinem starken Willen zu bleiben, sorgt dafür, dass wir solche Angebote nicht bekommen.

Linie 3 wandelt sich zu Hexagramm 43

Freuden sollten aus der inneren, klaren Persönlichkeit kommen. Wenn innen nicht diese tiefe Freude da ist, wird sie gierig im Außen gesucht. Dies führt zu unglücklichen Situationen. Abstellen können wir dieses Verhalten durch Ursachenforschung in unserer inneren Leere.

Linie 4 wandelt sich zu Hexagramm 60

Wir schwanken zwischen egoistischer Befriedigung und der tiefen gesammelten Herzensfreude. Dieses Hin- und Herpendeln hat sein Gutes. In der direkten Auseinandersetzung können wir die Diskrepanz überwinden und zur wahren Freude des Herzens kommen.

Linie 5 wandelt sich zu Hexagramm 54

Wir sind immer wieder in der Gefahr, uns den Virus der egoistischen Freuden einzufangen. Wenn wir dies erkennen und uns rechtzeitig in die Mitte bringen durch Selbstpflege, dann können wir diesen Virus durch unser gestärktes Immunsystem abwehren.

Linie 6 wandelt sich zu Hexagramm 10

Wir haben den Verlockungen der niedrigen Freuden durch innere Haltlosigkeit nicht standhalten können und damit die Führung unseres Lebens abgegeben. Wir sind von den äußeren Entwicklungen abhängig.

59. HUAN / Die Auflösung

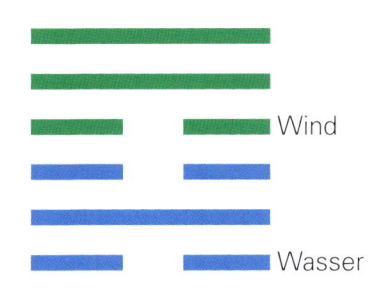

Wind

Wasser

Unten das Wasser, das überall hinkommt, wird vom obigen Wind in alle Richtungen zerstreut. Es geht bei diesem Zeichen darum, Egoismus und Hartherzigkeit aufzulösen, welche sich in uns lange angestaut haben. Der Wind zeigt an, dass wir diese Stauungen nicht mit Gewalt auflösen sollten, sondern mit sanfter Beharrlichkeit. Die Stärke der Sanftheit übersehen wir oft. Ein Mensch, der mit den Bewegungen des Lebens geht und geschmeidig bleibt, kann nicht gebrochen werden.
Die Stauungen sind dadurch entstanden, dass wir von unserem Weg der Ehrlichkeit und Hilfsbereitschaft abgekommen sind.

Linie 1 wandelt sich zu Hexagramm 61
Wenn Unklarheiten da sind, sollten wir kraftvoll und schnell handeln, damit die Zweifel schnell zerstreut werden und kein bleibender Schaden durch zögerliche Aufklärung angerichtet wird.

Linie 2 wandelt sich zu Hexagramm 20
Entdecktes Misstrauen und Neid in unserem Inneren sollten wir kraftvoll entfernen, damit wir wieder klar denken und handeln können. Sich und anderen zu verzeihen, ist der richtige Weg!

Linie 3 wandelt sich zu Hexagramm 57

Manche schwere Aufgabe können wir nur bewältigen, wenn wir nicht mehr an die eigenen Bedürfnisse denken und nur noch unser Ziel sehen. Durch diese Auflösung unseres Egos erhalten wir viel Kraft zur Bewältigung großer Aufgaben.

Linie 4 wandelt sich zu Hexagramm 6

Einer sehr bedeutsamen Aufgabe muss man alles andere unterordnen, sogar seine Freundschaften. Nur dann leistet man etwas Außergewöhnliches. Sich nicht von egoistischen Gruppeninteressen leiten zu lassen, führt dauerhaft zu Gewinn, da man im Gegensatz zu den anderen das Gesamtziel im Blick hat. So etwas gelingt nur innerlich unabhängigen Menschen.

Linie 5 wandelt sich zu Hexagramm 4

Wenn alles auseinandergeht und keine klaren Regeln mehr vorhanden sind, schafft eine große Leitidee einer starken Persönlichkeit etwas, woran die Menschen sich orientieren können.

Linie 6 wandelt sich zu Hexagramm 29

Wir umgehen große Schwierigkeiten, die Verletzungen mit sich bringen, damit die uns Nahestehenden und wir nicht in Gefahr kommen. Eine richtige Entscheidung für alle Beteiligten.

60. DSIE / Die Beschränkung

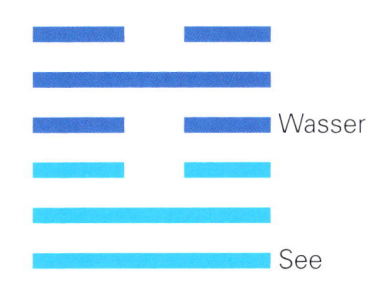

Wasser

See

Unten der See läuft über, da das Wasser oben einen Dauerregen symbolisiert. Dadurch, dass es keine klaren Begrenzungen gibt, tritt das Wasser über das Ufer. Dieses Zeichen steht für unsere unklaren Grenzen. Wenn wir im Leben keine eindeutigen Grenzen haben, sei es in unserem Umgang mit den Mitmenschen oder im Umgang mit Geld oder moralischen Werten, dann kann dies schnell zur Katastrophe führen. Deshalb sollten wir eindeutig definierte Grenzen haben und einhalten. Sinnvolle Beschränkungen sind ein persönlicher Katastrophenschutz, gleichgültig, ob es sich um materielle oder moralische Werte handelt.

Doch darf man es mit der Beschränkung auch nicht übertreiben, da harte Grenzen die Lebensfreude einschränken, und das kann nicht Sinn einer Grenze sein. Denn die tiefe Lebensfreude gehört zu den wichtigsten Faktoren in unserem Dasein.

Linie 1 wandelt sich zu Hexagramm 29
Besser ist es jetzt, nichts zu unternehmen, den Mund zu verschließen und seine Kraft zu sammeln, wie das Wasser in einem Stausee. Dann entwickeln wir eine Energie, die zum rechten Zeitpunkt nicht mehr aufhaltbar ist.

Linie 2 wandelt sich zu Hexagramm 3

Handeln oder warten, dazwischen pendeln wir oft. Wenn der Weg sich eröffnet, sollten wir nicht lange zögern, sondern die Gelegenheit beim Schopfe packen. Sonst fährt dieser chancenvolle Zug ohne uns ab.

Linie 3 wandelt sich zu Hexagramm 5

Wenn wir uns nur schrankenlos den Genüssen widmen, so führt dies zu körperlichen, seelischen und geistigen Problemen. Die Schuld hierfür bei anderen zu suchen, zeigt nur die fehlende Eigenverantwortung. Einsicht in diese falsche Einstellung und eine Korrektur führen zum Fortschritt.

Linie 4 wandelt sich zu Hexagramm 58

Wenn Beschränkungen dauerhaft nur zu Stress führen, dann sind sie nicht sinnvoll. Beschränkungen sollten langfristig zu mehr Kraft und Lebensfreude führen, denn damit schaffen wir eine solide Grundlage, um „Großes" zu erreichen.

Linie 5 wandelt sich zu Hexagramm 19

Manche möchten nur anderen Menschen Regeln auferlegen. Doch zuerst gilt es, sich selbst Regeln zu geben und sie auch streng zu befolgen. Wenn andere Menschen dies erleben, werden sie leichter unserem Beispiel folgen können.

Linie 6 wandelt sich zu Hexagramm 61

Harte Beschränkungen von anderen zu verlangen, führt dauerhaft zu Auflehnung und sind deshalb gefährlich. In Notsituationen kann eine harte Beschränkung gegen sich selbst der einzige sinnvolle Rettungsweg sein.

61. DSCHUNG / Die innere Wahrheit

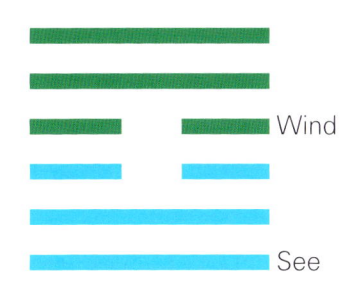

Wind

See

Das Kommmunikationszeichen, der See, steht unten und kommuniziert im Inneren mit dem Wind, der aufgrund seiner Erfahrungen (altes Holz) viel zu berichten hat. Der See kann aus seiner Tiefe berichten, der Wind von seinen Reisen. Dieses Zeichen soll uns darauf hinweisen, dass die beharrliche innere Auseinandersetzung zur Entwicklung der eigenen Persönlichkeit führt. Die Gefahr ist, sich immer zu schnell an anderen Menschen oder Strukturen zu orientieren. Wenn wir uns mit unserem inneren Schattenanteil, der durch den See symbolisiert wird, auseinandergesetzt haben und die Beweglichkeit und die Erfahrung des Windes berücksichtigen, dann haben wir ein großes Potenzial innerer Wahrheit. Dies ist ein langer Weg, der nie zu Ende geht, aber sich lohnt, um mehr innere Zufriedenheit zu erlangen. Laufen, Meditation oder Yoga könne sinnvolle Schritte auf diesem Wege sein.

Linie 1 wandelt sich zu Hexagramm 59

Innen gefestigt, um dann ohne Arglist offen zu reagieren, wenn die rechte Zeit kommt, das entspricht der Reife der inneren Wahrheit und führt zu tiefer Zufriedenheit und Unabhängigkeit. Versteckte Beziehungen zu anderen Personen, um Vorteile zu erlangen, bringen Unzufriedenheit und Abhängigkeit.

Linie 2 wandelt sich zu Hexagramm 42

Menschen, denen wir innerlich ganz nahe sind, können wir in gegenseitiger Wirkung spüren und förderlich mit Freude ohne Absicht beeinflussen. Wenn wir schlechte Gedanken haben oder etwas erzwingen wollen, werden diese auch übermittelt, und sie geraten uns zum Schaden.

Linie 3 wandelt sich zu Hexagramm 9

Abhängig von der Stimmung unserer Mitmenschen, werden wir in Freude und Trauer hin- und hergeworfen. Ob man darunter leidet oder es als Geschenk empfindet, das sollten wir im Inneren betrachten und für uns herausfinden.

Linie 4 wandelt sich zu Hexagramm 10

Wenn man seine inneren Werte mehren will, so geht dies nur, wenn man sich den höheren Erkenntnissen demütig zuwendet. Wir sollten wie ein Marathonläufer unserem inneren Rhythmus folgen und nicht nach den Mitläufern schauen.

Linie 5 wandelt sich zu Hexagramm 41

Hier wird jemand beschrieben, der seine Fehler durch intensive, lange Arbeit gemindert hat. Dadurch können seine inneren Werte ohne Beschränkung wirken. Jetzt kann er viele zusammenführen und sinnvoll beeinflussen.

Wenn diese inneren Werte nicht vorhanden sind, dann wird dies zum entscheidenden Zeitpunkt als Täuschung zutage kommen, und alles wird zusammenfallen.

Linie 6 wandelt sich zu Hexagramm 60

Gelebte Werte sollten aus der inneren Erkenntnis nach außen dringen. Wenn man nur durch große Worte die inneren Werte vortäuschen will, so wirkt dieses manchmal, doch nie auf Dauer, und bringt große Schwierigkeiten.

62. SIAU GO / Des Kleinen Übergewicht

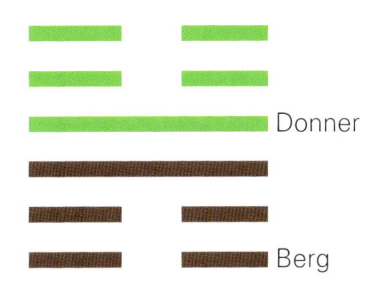

Donner

Berg

Oben auf dem Berg steht das junge Holz. Ungewohnt in dieser Höhe mit fehlenden Erfahrungen und ohne tiefe Wurzelung, führt jede neue Situation zu einer Überlastung. In den alten Schriften wird als Metapher ein Vogel genommen, dessen Flügel noch nicht ausgebildet sind und der zu früh das Nest verlassen will. Dieses Zeichen will uns zeigen, dass wir in sehr schwierigen Situationen zuerst die alltäglichen kleinen Dinge tun sollten und unsere Fähigkeiten erst in Ruhe ausbilden sollten, statt schnell und unbeholfen nach großen Taten zu streben.

Erfolg ist möglich bei sehr, sehr großer Bescheidenheit, gekoppelt mit absoluter Sorgfältigkeit und Geduld. Hier liegt der größte Knackpunkt, da wir in belasteten Zeiten oft viel zu schnell voranwollen und damit vieles kaputt machen.

Linie 1 wandelt sich zu Hexagramm 55

Wir sollten noch in unserem Schutzraum bleiben und die alltäglichen Routineaufgaben erledigen, bis sich unsere Stärke ausgebildet hat. Sonst stürzen wir ziemlich schnell kraftlos ab.

Linie 2 wandelt sich zu Hexagramm 32

Der Wunsch besteht, Kontakt zu einer einflussreichen Person zu bekommen. Dies gelingt nicht, sondern nur mit einer machtloseren Person. Etwas zu erzwingen führt zu nichts. Jetzt sollten die anstehenden Aufgaben korrekt erledigt werden und nicht Unmögliches erreicht werden wollen.

Linie 3 wandelt sich zu Hexagramm 16

Statt sich mit erhobener Brust stolz zu präsentieren, sollten doppelte Vorsicht, Demut und Achtsamkeit das Gebot der Stunde sein. Denn sonst könnte in dieser Lage plötzlich überraschend Ärger aus dem Hinterhalt kommen, den wir nicht bewältigen können.

Linie 4 wandelt sich zu Hexagramm 15

Nein, in diese Situation hineinzugehen bringt nur großen Ärger. Innerlich geduldig zu bleiben und sich absolut zurückzuhalten, sorgt für ein fehlerfreies Verhalten.

Linie 5 wandelt sich zu Hexagramm 31

Einer, der die Fähigkeit besitzt, große Aufgaben zu bewältigen, steht ohne Helfer da. Helfer suchen, das ist seine Aufgabe, dabei kommt es auf große Fähigkeiten an und nicht auf Titel oder Bekanntheit. Bescheidenheit führt zu den richtigen Personen.

Linie 6 wandelt sich zu Hexagramm 56

Manche wollen in Zeiten, in denen man nichts Großes erreichen kann, immer mehr, dies führt zum Absturz, weil die Gesetze des Lebens nicht mehr beachtet werden. Die Lösung: Ruhiges Abwarten!

63. GI DSI / Nach der Vollendung

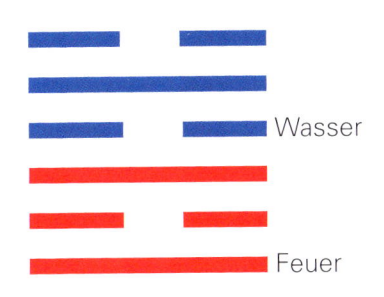

Wasser

Feuer

In diesem Zeichen ist alles in perfekter Ordnung, unten brennt das Feuer darüber befindet sich das Wasser. Wenn eines dieser beiden Elemente aus dem Gleichgewicht gerät, dann ist es aus mit der Perfektion. Dieser Gleichgewichtszustand besteht nur einen kurzen Augenblick, wenn wir z. B. lange auf ein Ziel hinarbeiten und dann die ersehnte Vollendung kommt. Dann folgt oft Freude und Erleichterung, und kurze Zeit später taucht die Frage auf: Was soll ich jetzt tun? Damit ist das Ungleichgewicht schon da. Das I Ging wird auch das Buch der Wandlungen genannt, und deshalb sollte man nach der Vollendung von Prozessen erst ausruhen und dann zu neuen Taten schreiten. Denn wer rastet, der rostet.

Linie 1 wandelt sich zu Hexagramm 39

Zufriedenheit über die geschaffte Aufgabe hält nicht lange an. Wir wollen schon wieder weiter, doch das führt nur zu Schwierigkeiten. Wir bremsen uns rechtzeitig und das führt dazu, den Schaden klein zu halten.

Linie 2 wandelt sich zu Hexagramm 5

Wenn einem mächtige Personen aufgrund von Hochmut nach der Vollendung kein Vertrauen entgegenbringen, dann sollten wir uns nicht ärgern und schon gar nicht handeln, sondern geduldig warten. Die rechte Zeit wird kommen, wenn wir Geduld haben.

Linie 3 wandelt sich zu Hexagramm 3
Wenn eine grundlegende Veränderung in unseren Einstellungen oder in unserer Außenwelt erfolgt ist, dann müssen wir noch einige Zeit hart gegen unsere alten Muster im Inneren und/oder Äußeren vorgehen, um die Zustände zu stabilisieren.

Linie 4 wandelt sich zu Hexagramm 49
Wenn wir die kleinen Warnzeichen in glorreichen Zeiten übersehen, dann führt dieses dauerhaft zu ernsten Problemen. Lieber jetzt diese Warnzeichen sehr ernst nehmen und die Ursachen grundsätzlich beheben.

Linie 5 wandelt sich zu Hexagramm 36
Wichtig ist, sich nicht von äußerem Glanz täuschen zu lassen. Die kleinen Gaben, die vom wärmenden Herzen kommen, haben eine viel größere Bedeutung als prachtvolle Geschenke, die nur der eitlen Selbstbespiegelung dienen und über die innere Gefühlskälte hinwegtäuschen sollen.

Linie 6 wandelt sich zu Hexagramm 37
Nach vorne schauen und nicht mehr zurückblicken. So entgehen wir gefährlichen Situationen. Wer sich nach der Vollendung nochmals mit der überwundenen Gefahr beschäftigt, gibt ihr unnötig Macht und bekommt Ärger.

64. WE DSI / Endgültiges Beseitigen von Provisorien

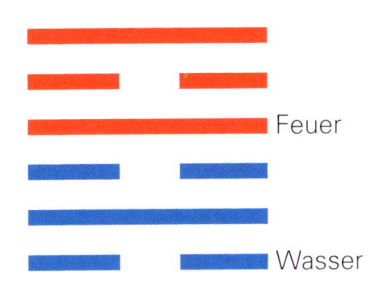

Feuer

Wasser

Das Wasser befindet sich unten und ist durch das Feuer gegangen. Dies führt zu Nebel. Wir sehen nicht, was wir tun sollen, und wollen trotzdem trotzig handeln. Dabei ist alles in Unordnung. Das Fundament „Urvertrauen" auf der unteren Linie sollte stark sein, hier begegnet uns ein schwaches Yin. Das Denken sollte offen sein, doch hier treffen wir auf Linie 2 auf ein hartes Yang, und die Klarheit zu unseren Gefühlen haben wir auch nicht, wie die offene Linie 3 zeigt. Urvertrauen, Denken und Gefühle sind nicht korrekt, wie sollte da Klarheit vorhanden sein? Nach oben wird es auch nicht besser. Die Linie des Herzens / die soziale Instanz ist hartes Yang und sollte eigentlich ein offenes Yin sein. Zur Seele auf der fünften Linie sollten wir einen klaren Bezug haben, dies ist mit der schwammigen Yinlinie nicht möglich. Bei der sechsten Linie ist der Geist geschlossen und deckelt damit den Kontakt zum Unerklärlichen (Buddha, Gott oder wie immer Sie ihn bezeichnen).

Es geht darum, unser gesamtes Leben wieder in Ordnung zu bringen. Die Probleme, die wir immer wieder erleben, sind eindeutige Zeichen, unsere Provisorien endgültig zu beseitigen.

Linie 1 wandelt sich zu Hexagramm 38

Ja, ja, schnell wollen wir das Chaos beenden und schwups führt dieses zur Bloßstellung. Sich zurückzuhalten, ist der Weg des weisen Menschen.

Linie 2 wandelt sich zu Hexagramm 35

Wir wollen unbedingt voran, bremsen uns aber im letzten Augenblick, denn die Zeit des Vorangehens ist noch nicht gekommen. Diese Ruhephase sollten wir nutzen, um uns seelisch und körperlich zu stärken, damit wir die später anstehenden schweren Aufgaben gut bewältigen können. Wichtig ist, unser Ziel im Auge zu behalten. Hierdurch schaffen wir die beste Grundlage dafür, dass sich alles zum Fortschritt wandelt.

Linie 3 wandelt sich zu Hexagramm 50

Nun endlich kann gehandelt werden, doch dies geht nicht allein, da man nicht genug Ressourcen besitzt. Fleißige, kräftige Helfer zur Hilfe nehmen, das ist jetzt der rechte Weg zur möglichen Vollendung.

Linie 4 wandelt sich zu Hexagramm 4

Jetzt geht es ins Gefecht. Nach vorne schauen ohne Zweifel. Der Sieg gelingt, wenn man sich mit starkem, unbeugsamen Willen auf die Auseinandersetzungen konzentriert. Es gilt, Strukturen für unseren weiteren Erfolg zu legen. Der Erfolg kommt dann von selbst.

Linie 5 wandelt sich zu Hexagramm 6

Wir haben es geschafft. Diesen harten, unbekannten Weg zu gehen war richtig. Nach jedem großen Unwetter kommen wieder sonnige Tage, und wir sollten uns erfreuen an dieser schönen neuen Zeit.

Linie 6 wandelt sich zu Hexagramm 40

Ja, jetzt haben wir große Freude und feiern mit Freunden den baldigen Beginn der neuen Zeit. Dies tut gut. Doch sollte man sich im Überschwang nicht betrinken und damit das Gute zerstören.

12. Tabelle zum Auffinden der Hexagramme

Das untere Trigramm finden Sie in der linken Spalte, das obere Trigramm in der oberen Spalte. Die Zahl im Kreuzungsbereich zeigt das entsprechende Hexagramm an, welches sich aus diesen beiden Trigrammen zusammensetzt. In dem Kapitel 11 finden Sie unter der entsprechenden Zahl das gesuchte Hexagramm.

oberes Trigramm

unteres Trigramm	Himmel	Erde	Donner	Wasser	Berg	Wind	Feuer	See
Himmel	1	11	34	5	26	9	14	43
Erde	12	2	16	8	23	20	35	45
Donner	25	24	51	3	27	42	21	17
Wasser	6	7	40	29	4	59	64	47
Berg	33	15	62	39	52	53	56	31
Wind	44	46	32	48	18	57	50	28
Feuer	13	36	55	63	22	37	30	49
See	10	19	54	60	41	61	38	58

Zur Person

Hubert Geurts hat in seinem Leben viele Wandlungen durchlaufen:
Nach kaufmännischer Ausbildung und Tätigkeit studierte er Sozialpädagogik.

Von 1984 - 1987 absolvierte er eine internationale Ausbildung in Familientherapie, danach weitere Ausbildungen in Körpertherapie, Kinesiologie, Pädagogischer Psychotherapie und NLP.

Nach dem Studium war er fünf Jahre in der psychosozialen Beratung tätig.
Ab 1991 leitete er Seminare und Beratungen in der Führungs- und Verkaufspsychologie.

Nach langjährigem, intensivem Studium des I Gings hat Hubert Geurts dieses Wissen in seine Beratungs- und Lehrtätigkeit integriert und macht es heute einer breiten Öffentlichkeit im Westen zugänglich.

Er hält deutschlandweit Vorträge und Seminare zu diesem Thema und berät verschiedene Berufsgruppen (Ärzte, Heilpraktiker, Feng-Shui-Berater, Freiberufler, Unternehmer, Therapeuten).

Abschied

Ich wünsche Ihnen jetzt für den weiteren Weg mit dem I Ging viele Erkenntnisse! Wenn Sie Kritik oder Lob haben, bin ich dankbar, dies zu erfahren. Auf den I Ging-Seiten im Internet (Deutsches-I-Ging-Institut.de) gibt es die Möglichkeit, einen kostenlosen I-Ging-Rundbrief zu bestellen, der unregelmäßig erscheint. Die bisher erschienenen Briefe und Presseartikel können Sie dort kostenlos herunterladen.

Gute Zeit!

Hubert Geurts

Informationen zu Beratungen, Einführungsseminaren und zur I Ging-Ausbildung erhalten Sie bei:

Deutsches I Ging-Institut
Hubert Geurts
Engerstr. 23
47906 Kempen
Telefon: +49 2152 559259
Telefax: +49 2152 50898
E-Mail: info@iging.biz
Internet: www.iging.biz